AMADA PARTEIRA

UMA MULHER IMPROVÁVEL QUE, AO SE DESCOBRIR COMO FILHA AMADA, FOI LEVANTADA ENTRE AS NAÇÕES COM A MISSÃO DE GERAR FILHAS E TRANSFORMÁ-LAS EM MÃES

Editora Appris Ltda.
1.ª Edição - Copyright© 2025 da autora
Direitos de Edição Reservados à Editora Appris Ltda.

Nenhuma parte desta obra poderá ser utilizada indevidamente, sem estar de acordo com a Lei nº 9.610/98. Se incorreções forem encontradas, serão de exclusiva responsabilidade de seus organizadores. Foi realizado o Depósito Legal na Fundação Biblioteca Nacional, de acordo com as Leis nos 10.994, de 14/12/2004, e 12.192, de 14/01/2010.

Catalogação na Fonte
Elaborado por: Dayanne Leal Souza
Bibliotecária CRB 9/2162

F273a
2025
	Favero, Patrícia Gomes
	    Amada parteira: uma mulher improvável que, ao se descobrir como filha amada, foi levantada entre as nações com a missão de gerar filhas e transformá-las em mães / Patrícia Gomes Favero. – 1. ed. – Curitiba: Appris, 2025.
	    100 p. ; 21 cm.
	
	    ISBN 978-65-250-7077-3
	
	    1. Parteira. 2. Enfermeira obstetra. 3. Maternidade espiritual. I. Favero, Patrícia Gomes. II. Título.
	
	                                                                CDD – 248.843

Appris editorial

Editora e Livraria Appris Ltda.
Av. Manoel Ribas, 2265 – Mercês
Curitiba/PR – CEP: 80810-002
Tel. (41) 3156 - 4731
www.editoraappris.com.br

Printed in Brazil
Impresso no Brasil

Patrícia Gomes Favero

AMADA PARTEIRA
UMA MULHER IMPROVÁVEL QUE, AO SE
DESCOBRIR COMO FILHA AMADA, FOI LEVANTADA
ENTRE AS NAÇÕES COM A MISSÃO DE GERAR
FILHAS E TRANSFORMÁ-LAS EM MÃES

Sauvé
EDITORA

Curitiba, PR
2025

FICHA TÉCNICA

EDITORIAL	Augusto Coelho
	Sara C. de Andrade Coelho
COMITÊ EDITORIAL	Brasil Delmar Zanatta Junior
	Estevão Misael da Silva
	Gilcione Freitas
	Luis Carlos de Almeida Oliveira
	Viviane Freitas
CURADORIA DE CONTEÚDO E IMPACTO COMERCIAL	Marli C. de Andrade
SUPERVISORA EDITORIAL	Renata C. Lopes
PRODUÇÃO EDITORIAL	Daniela Nazário
REVISÃO	Cristiana Leal Januário
DIAGRAMAÇÃO	Andrezza Libel
CAPA	Daniela Baumguertner
REVISÃO DE PROVA	William Rodrigues

Dedico esta obra ao Rei dos Reis, Senhor dos Senhores, único digno de adoração. Foi Ele quem me sussurrou a inspiração: "escreva um livro!". Com Sua mão a me guiar, caminhei ao longo desses quase quatro anos. Quando ouvi Seu chamado, confesso que duvidei; nunca me senti capaz de escrever tantas linhas, quem dirá um livro. Mas, a cada dia, Ele me enviava sinais e direções, e, quando percebi, muitas páginas já estavam se formando. Te amo, meu Jesus! Esta obra é para ti. Obrigada por me amar primeiro!

Agradecimentos

Agradeço especialmente ao meu esposo, Gilberto, meu grande amor e melhor amigo. Ele tem sido meu apoio inabalável ao longo desses 26 anos juntos, o homem que seca minhas lágrimas e compartilha minha alegria. Sua dedicação à nossa família é uma inspiração, e muito do que sou se deve à sua essência. Juntos, descobrimos a verdade de que somos o que Deus diz que somos. Amo você até a eternidade!

Aos meus amados filhos Guilherme, Gustavo e Giovanni, vocês são a força que molda meu ser e o propósito que me impulsiona. Por causa de cada um, nunca deixarei de buscar a cura emocional e o alinhamento espiritual que me tornam inteira. Vocês merecem uma mãe plena, assim como uma família que caminha unida, em harmonia e amor. Agradeço profundamente aos meus pais, Lelia e Antônio Augusto os quais honro por tudo que representam em minha vida.

Agradeço também aos "Paulos" que Deus colocou em meu caminho durante essas estações: bispa Rubia, pastora Vanessa Trevisol, pastora Edilaine, pastores Elisangela e Mario Ribeiro, pastores Marli e Luiz Paulo. Somente Deus e eu sabemos o quanto cada um de vocês tem sido essencial em meu crescimento pessoal e ministerial, por meio do cuidado, correção, alinhamento e amor. Vocês me ensinaram sobre adoção por escolha, sobre amor e honra, provando que o que importa não é a quantidade de tempo juntos, mas a intensidade de nossas conexões.

Por fim, agradeço e dedico a minhas filhas espirituais, as parteiras de todas as nações. Que este livro sirva como uma fonte de inspiração para que vocês não hesitem em gestar e dar à luz outras filhas! Assim como Débora, que se tornou mãe de multidões, que a glória de Deus se manifeste em cada discipulado e em cada momento de serviço. Existem muitas Jaeis buscando por Déboras em todas as nações.

Apresentação

A jornada da maternidade, tanto física quanto espiritual, é repleta de desafios e revelações profundas. Minha paixão pelas Cartas Paulinas, meu amor pelas pessoas e os ensinamentos sobre inteligência emocional me impulsionaram a escrever especialmente para vocês: enfermeiras obstetras, parteiras que atuam como flechas nas nações. Foi numa tarde de julho de 2022, em meu apartamento em Vitória-ES, que Deus começou a falar comigo sobre o projeto "Parteiras nas Nações". A inspiração surgiu de um chamado divino, uma missão que ainda não compreendia totalmente, mas que me levou a clamar: "Eis-me aqui, usa-me Senhor!".

Nessa mesma ocasião nascia o Primeiro Serviço Nacional de Terceirização de Enfermagem Obstétrica Hospitalar. Juliana Maia, meu braço direito nesse projeto, foi quem acreditou e me ajudou a colocar no papel o que estavam no campo das ideias. Essa parteira maravilhosa, doce amiga e um pouco filha também é um grande Paulo nessa nação.

Os meses se passaram e, em cada novo passo revelado, eu lutava com inseguranças. Questionava a mim mesma: "Como posso realizar isso?". Mas, à medida que obedecia ao chamado de Deus, percebi que a verdadeira chave para o sucesso estava em me mover, em obedecer sem hesitação. Essa submissão me trouxe aceleração no cumprimento do que Ele esperava de mim.

Em meio a essa jornada, encontrei-me novamente em um casulo espiritual. Embora tivesse acabado de passar por um período de transformação, Deus me pediu para permanecer e entregar tudo a Ele. Compreendi que, assim como um bebê que nasce prematuramente, eu ainda precisava amadurecer espiritualmente. Essas lições foram cruciais para meu crescimento e cura.

Estava em um processo profundo de transformação, enfrentando feridas, orgulhos e comparações que me mantinham cativa. A comparação, como aprendi, máscara nossa verdadeira identidade e nos afunda em ansiedade. Enquanto via outros sendo aplaudidos, me sentia invisível, com a sensação de que minha vida estava estagnada. Mas Deus me mostrou que, por trás de cada dificuldade, havia um aprendizado.

Foi num momento de oração que fui confrontada com a verdade de que, embora chamasse Deus de Pai, não agia como Sua filha. Essa revelação me levou a uma jornada de cura e descobertas sobre minha paternidade, sobre o significado de ser filha amada. Através do discipulado e do aprendizado constante, fui libertada de máscaras que me impediam de ver minha verdadeira identidade.

Neste livro, convido você a mergulhar na história de uma mulher que venceu o espírito de orfandade e assumiu sua identidade de filha amada. Compartilharei direções sobre a graça de gerar e deixar um legado geracional. Quando uma ferida é curada, um ministério se abre. Hoje, não sou mais uma coveira, mas uma parteira que gera vida, uma guardiã dos propósitos de Deus.

Assim como Sifrá e Puá, fui chamada para libertar, mas como Debora fui despertada para gerar.

Sou filha adotada por um Pai maravilhoso, que me deu como missão ajudar mulheres a resgatarem sua identidade através da adoção espiritual.

Sou uma parteira levantada pelo próprio Deus, que através da maternidade de destino impulsionará outras parteiras a gestarem e parirem filhas que um dia também se tornarão mães.

Este livro é uma semente plantada por Deus, e minha oração é que Ele a faça florescer no momento certo. Estou pronta para tudo o que Ele tem reservado!

O homem natural não aceita as coisas que vêm do Espírito de Deus, pois para ele são loucura; não é capaz de entendê-las, porque elas são discernidas espiritualmente.
(1Coríntios 2:14)

Antes de mais nada, quero te dizer, querida leitora, que este não é um livro natural. Este é um livro espiritual. Por isso, esteja atenta ao que Deus irá falar ao seu coração ao longo da leitura.

Há histórias que não apenas são contadas, mas que também carregam uma unção de destino. Este livro é uma dessas histórias. Ele não é apenas um relato de experiências, mas um chamado divino ecoando em cada página, despertando mulheres para a maternidade espiritual e para o propósito de gerar vida.

A autora nos conduz por sua própria jornada de transformação, em que a obediência se tornou a chave para a aceleração, e a rendição a Deus trouxe clareza ao seu chamado. Como uma parteira levantada por Deus, ela aprendeu que gerar vai além do físico: é um ato espiritual, uma missão de libertação e de identidade restaurada.

A maternidade aqui não é apenas biológica; é um convite para adotar destinos, para abraçar mulheres feridas e ajudá-las a nascerem para sua verdadeira identidade. Assim como Sifrá e Puá desafiaram o sistema e protegeram a vida dos recém-nascidos, e como Débora despertou uma geração, este livro é um grito de despertamento para aquelas que foram chamadas para gerar e deixar um legado.

Se você tem sentido um clamor dentro de si, uma inquietação pelo novo de Deus, este livro é para você. Leia com o coração aberto, pois cada palavra carrega uma unção de ativação. Deus está levantando parteiras espirituais nas nações, e talvez, ao virar estas páginas, você descubra que também foi chamada para essa missão.

Que esta leitura te desperte, te cure e te impulsione.

Wanessa Nery Guedes
Mentora da Academia de Leoas

Endossos

... aqui palavras de mães espirituais sobre uma filha adotada por opção.

"Se a primícia da massa entregue como oferta é santa, então toda ela é santa. E, se as raízes da árvore são santas, os ramos também o serão". (Romanos 11:16)

Desde o princípio o inimigo trabalha para corromper a primícia, assim foi com primeiro homem - Adão, visando comprometer gerações, corrompendo a obra prima criada pelo Senhor, desconstruindo a essência da imagem e semelhança de Cristo, para promover seu reino em trevas. Mas Deus em sua infinita bondade, nos enviou Jesus em resgate a criação do Senhor, ele abriu o caminho para que o reino de Deus fosse estabelecido. Para gerar vida em nós, ele precisou morrer. José para governar precisou ser escravo, Abraão para ser pai de multidões precisou vencer a esterilidade de Sara, pois aquele que vence a dor revela o propósito de Deus.

Deus sempre tem uma resposta a cada desafio e dores que vivemos, ao fraco, ele diz EU SOU forte, pois o poder dele se aperfeiçoa em nossa fraqueza, ao pecador ele diz, onde abundou o pecado superabundou a graça de Deus, existe sempre uma resposta do céu a cada estratégia do inimigo. Então, se todas as coisas cooperam para o bem daqueles que amam a Deus, logo já vencemos o inimigo pela cruz de Cristo.

E como parte desse ministério, quando aceitamos a Jesus, nós reconectamos com a essência da criação, e para Jesus nascer, precisamos morrer. Venho como parte desse registro testemunhar o nascimento dessa obra através de uma mulher que precisou morrer, para obedecer e ouvir a Deus, uma família precisou ser sacrificada, como dores de parto, dores que pareciam insuportáveis, dores que sangravam a alma e por vezes parecia que não seria possível vencer. A cada tentativa, uma frustração, a cada sonho planejado, perdas. Era como José filho de Jacó, só tinha um sonho e uma palavra, o governo estava sobre ele, mas o cenário era escravidão, humilhação, perseguição. Parecia que estava dando tudo errado, mas na verdade estava tudo certo para o propósito que seria revelado. Sim, estou falando dessa escritora Patrícia Favero, uma mulher que através da sua dor revelou o propósito de Cristo, e com muita honra, eu evidenciei sua obediência a voz do pai, eu vi as lágrimas sendo derramadas, eu vi sacrifícios sendo entregues, eu vi conflitos sendo quebrados, eu a vi se diminuindo até que Jesus pudesse ser o Centro de tudo em sua vida.

Alguns anos comentei a essa mulher, parece está dando tudo errado, mas na verdade está dando tudo certo. Porque morrer para o mundo é viver para Cristo, e quando estamos nele o mundo não entende, quando a semente morre, ninguém vê, ninguém compreende o que acontece debaixo da terra, mas quando os frutos nascem, todos precisam reconhecer a colheita, essa obra é parte de uma missão extraordinária de um resgate a missão que Deus nos deu. Essa obra é cumprimento de uma vida que se entregou ao altar, essa obra foi escrita por uma mulher sim, mas ela não estava viva, ela primeiro morreu para que Jesus pudesse escrever através da vida dela. Então leitor, ao ler essa obra, saiba que não são apenas palavras, estudos, ou reflexões, é um testemunho vivo de uma vida com propósito, assim como ao ler a Bíblia você precisa do Espírito Santo, para compreender essa obra, não faça sem ele, pois certamente parecerá loucura para quem não conhece a Deus.

Portando concluo essa mensagem, sabendo que os registros desse livro alcançarão Nações, para que todos vejam, saibam e consideram que a mão do Senhor fez todas essas coisas.

Chegou o tempo de frutificação!

Pra Vanessa Trevisol
– Porto Seguro BA

Em uma das estações de sua jornada de vida, a conheci. Era uma menina assustada com tantas mudanças repentinas e não programadas, enxerguei alguém sendo resgatada de si mesmo, uma filha olhando para um Pai Amoroso, revelando seu amor e restaurando sua identidade. Ela por sua vez, na intensidade de sua entrega, compartilhou comigo as dores e sonhos, estes, que não envolvia somente a si mesmo, mas gerações que seria transformadas com o impacto de um chamado em um cenário tão desafiador no qual estamos inseridas, o sistema obstétrico, servindo famílias com um propósito divino. Paty, assim como tem se dedicado para alinhar seus passos a vontade soberana de Deus e ser suas mãos aqui na terra, que muitos ao acessarem o conteúdo desse livro possam desfrutar da mesma bondade que você tem vivido, de resgate e restauração, voltando a sonhar com vidas sendo tocadas, recebendo mãos estendidas, para manifestar a glória e o amor de Deus, em territórios que Ele confiou e por todas as Nações.

Todo o universo está em expectativa, esperando com grande ansiedade que os filhos de Deus sejam revelados. Pois o universo foi submetido à frustração, não por sua própria escolha, mas pela vontade daquele que o sujeitou. Ele tem esperança de que o próprio universo será libertado da escravidão da corrupção, para a gloriosa liberdade dos filhos de Deus. Sabemos que até o presente momento o universo inteiro geme e sofre as dores de um parto. Romanos 8:19-22 (A Mensagem).

Edilaine Costa
– Pastora Casa Kadosh – Guarulhos -São Paulo

Com grande alegria e honra, recomendo este livro que nasce do coração de uma mulher que venceu o espírito de orfandade e abraçou sua identidade como filha amada. Nesta obra, você encontrará direções sobre a graça de gerar, edificar e deixar um legado que transcende gerações.

Quando uma ferida é curada, um ministério se abre. Assim como Sifrá e Puá, foram chamadas para libertar, Débora, foi despertada para gerar esperança no coração de quem crer. Deus levantou Patrícia como parteira que inicia sua gestação do Reino espiritual, com a missão de resgatar mulheres e ajudá-las a encontrarem sua verdadeira identidade como filhas.

Este livro é mais do que páginas escritas é uma semente plantada pelo próprio Deus, destinada a florescer no tempo certo. Que cada palavra aqui inspire e desperte novas parteiras, mães espirituais e guardiãs de propósitos divinos. Se coloque pronta para viver tudo o que Deus tem reservado nesse livro, e permita-se assim como a Autora que cresceu muito diante dessa jornada, você também para redescobrir sua identidade, e oro para que você desfrute desse manancial de bençãos!

Com amor e propósito,

Bispa Rubstain R. de Andrade
– Ministério da Transformação Porto Seguro/BA

Conhecer a Patrícia foi um presente, pois testemunhei a bondade e a fidelidade de Deus através de uma visão que o próprio Deus havia me dado. De mulheres que seriam levantadas não só que gerariam vidas, mas seriam precursoras de uma geração de parteiras de destino que nasceriam com encargo e chamado para ser uma voz profética através de nascimentos. Tenho certeza de que esse livro carrega essa verdade através de uma mulher que tem sido levantada para gerar parteiras geracionais nesse tempo.

Pra. Marli Henriques
– Pastora da Igreja Virtude São Paulo

A Patrícia é a pessoa mais intensa que conheço! Ela é tomada por uma fome e uma sede de Deus, que contagia nossas vidas!

Após conhecer sua história, percebo que ela sempre viveu intensamente as estações da sua vida, e hoje na sua caminhada com Cristo, essa movimentação só aumentou!

A Patrícia é apaixonada por Jesus e por sua palavra, persegue a obediência e a honra aos princípios eternos com empenho. Teve sua vida pessoal e familiar, profundamente transicionada, de um lugar de dores sem Cristo, para um lugar de cura, e muita transformação! E com isso, recebeu da parte de Deus um chamado maior do que ela, mas jamais, maior do que Ele!

Sua vida, sua entrega me inspiram e me desafiam! Ela é dona de um coração adorador e generoso! Uma pessoa que vive o que prega! Por isso, indico que você se entregue a leitura dessa obra, e se renda a cada direção que é apontada nessa literatura. Pois Patrícia Favero tem se tornado uma carta viva!

Pra. Elisangela Ribeiro
– Pastora Igreja Virtude Vila Prudente – São Paulo

INTRODUÇÃO 21

CAPÍTULO 1: ABATENDO O ESPÍRITO DE ORFANDADE 27

CAPÍTULO 2: VIVA SEU CASULO, HONRE SEU PROCESSO 35

CAPÍTULO 3: VOCÊ É DIFERENTE 49

CAPÍTULO 4: SEJA SUA FÉ, SIMPLES: SUBMETA-SE E NÃO SEJA ESCRAVA DO MEDO 53

CAPÍTULO 5: SUA VIDA MINISTRARÁ: ESSA É A QUALIFICAÇÃO DE UMA VERDADEIRA PARTEIRA FLECHA 57

CAPÍTULO 6: UM COLETIVO DE PARTEIRAS LANÇADAS NAS NAÇÕES 61

CAPÍTULO 7: DISCÍPULOS SÃO FILHOS ESPIRITUAIS 65

CAPÍTULO 8: ESTABELECENDO PRIORIDADES 73

CAPÍTULO 9: O QUE A MÃE FAZ A FILHA FAZ 79

CAPÍTULO 10: COMBATA O BOM COMBATE COM INTEGRIDADE 87

Introdução

Minha paixão pelas Cartas Paulinas, meu amor por gente, minha gratidão pelos aprendizados sobre inteligência emocional e a missão divina para a qual fui comissionada por Deus me fizeram escrever para vocês: Enfermeiras Obstetras, Parteiras lançadas como flechas nas Nações.

Estava eu, numa tarde do mês de julho de 2022, em meu apartamento em Vitória-ES, quando Deus começou falar comigo sobre as "Parteiras nas Nações".

Escrevi algumas linhas sobre o que o Senhor me entregara naquela madrugada e, como uma excelente criativa que sou, fiz desenhos e inventei uma logomarca — embora a única certeza que eu tinha era de que o nome seria "Parteira nas Nações". Não sabia ao certo o propósito de tudo, mas minha oração sempre foi a mesma, "Eis-me aqui, usa-me Senhor!

Nessa mesma ocasião nascia o Primeiro Serviço Nacional de Terceirização de Enfermagem Obstétrica Hospitalar. Juliana Maia, meu braço direito nesse projeto, foi quem acreditou e me ajudou a colocar no papel o que estavam no campo das ideias. Essa parteira maravilhosa, doce amiga e um pouco filha também é um grande Paulo nessa nação.

Os meses foram passando, e eu perguntava ao Abba como iria executar tudo o que Ele havia me falado. Cheguei a ouvir que o nome do projeto "não combinava" ou "não era vendável", mas foi o Senhor quem o deu e Ele não falha jamais!

A cada revelação de um novo passo, uma indagação: "não tenho isso, não tenho aquilo", porém, mal sabia que a chave mestra Ele só liberaria quando, de fato, eu começasse a me movimentar. Eu até estava em movimento, mas não bastava só me movimentar, e sim obedecer a cada direção dada por Ele, sem titubear.

Obedecer trouxe aceleração acerca do que ELE esperava de mim. Eu chamo isso de submissão!

Me submeti!

O Senhor começou a me movimentar novamente para dentro de um novo casulo. Deus!!! Eu exclamei outra vez, pois fazia pouco tempo que tinha saído de um casulo. Mais precisamente, 12 meses. Sim, um ano!

Mal "borboletei" e o Senhor está me guardando outra vez? Eu não aguento mais, me deixa ir!

Meu coração ouvia nitidamente a voz dELE: "*Filha, agora é hora de ficar, me entregue tudo novamente e fique! Um bebê que nasce antes da hora, é prematuro lembra disso? Tudo será construído aqui, só você e eu, não adianta espernear! Te deixei ir por um instante, havia lições que precisava viver para trabalharmos, mas agora é aqui dentro outra vez!*"

Deus é muito intencional, Ele nos revelará as promessas, mas jamais o processo. E assim foi, ELE e eu!

Foram muitas tardes jogadas literalmente no chão, da sala ou do quarto. Só ELE e eu. Quantas chaves ELE foi liberando, quanto mais eu me movimentava para onde ELE me pedia, mais feridas eram curadas, mais perdões eram liberados, mais meu orgulho ia sendo exposto, mais acesso ao Santo dos Santos eu tinha. Foi exatamente ali que estive face a face com ELE.

Porém, junto disso tudo, mais renúncias, mais nãos, mais choro, mais máscaras derrubadas, mais ego confrontado, orgulho descortinado. Porém, quanto mais obedecia, mais me conectava com a voz dELE, e mais direções e revelações o Abba trazia ao meu coração. Em breve você vai ler trechos do meu caderno de oração, no qual me derramava aos pés do Pai, e Ele me respondia e direcionava com amor.

Enquanto isso, ainda olhava o mundo lá fora: todos sendo aplaudidos, as plataformas dos "outros" cresciam enquanto a minha tinha sido hackeada e excluída (tentei recuperar até no PROCON, não consegui). Deus tem compromisso com nosso chamado, e não com nossos chiliques. A sensação que tinha era de que a vida de todo mundo estava andando e a minha parada. Como eu, uma pessoa "tão cheia de cursos, títulos e um currículo apreciado por tantos", poderia estar oculta em todos os cenários inimagináveis naquela ocasião.

Sim, eu me achava nesse nível, tamanha era a soberba que minha alma carregava!

Ali me recordei de um ensinamento que o Pastor Jucelio de Souza do MEVAM – Campinas sempre diz: "Jesus ressuscita Lázaros, mas desenfaixá-los é um outro processo!".

Na verdade, eu estava perdida. Na igreja, sentia que todos eram vistos, e eu esquecida. Tudo que via acontecer com pessoas mais adiantadas no processo, gerava uma comparação e, claro, isso me colocava ainda mais pra baixo. Achava que estava pronta para caminhar, mas na verdade estava muito ferida ainda.

Eu vivia me comparando com outras pessoas, e a comparação mascara nossa identidade, rouba nosso propósito e nos afunda em uma ansiedade sem limites. Toda pessoa que se compara com alguém está competindo de alguma forma com esse alguém.

Já havia aprendido, no treinamento WA Wide Awaker (que significa totalmente desperto), de Gerônimo Theml, sobre **o ciclo da realidade**. Essa teoria diz que tudo que eu crio (na minha mente) eu vejo (real), e como vejo, eu faço, logo o que faço EU SOU, ou seja: eu criava na minha mente um cenário de vitimismo, me diminuía, com falas e comportamentos de vítima, então me tornava a própria vítima!

Como poderia ter me esquecido disso! Mas esqueci!

A identidade de filho não restaurada nos faz ter comportamentos exatamente como os que eu tinha, um comportamento de ORFANDADE. O problema com a identidade é um problema de Paternidade.

Um dia estava no meu quarto, em um momento de oração, e ouvi nitidamente o Senhor falar comigo: "Filha, você me chama de Pai, mas não se comporta como minha filha!".

Como isso foi forte para mim, chorei muito, pois fui verdadeiramente confrontada pelo Espírito Santo. Nesse dia, entendi que eu dizia ser filha do Abba, mas não tinha assumido essa filiação de verdade, falava "da boca para fora".

Descobri naquele instante o quanto ainda era uma órfã, o quanto não me sentia filha e automaticamente não me comportava como filha.

Em um evento na igreja em que servia naquela estação, fui verdadeiramente confrontada e alinhada acerca de minha paternidade biológica. A palavra ministrada naquele dia, além de me confrontar, me colocou em um lugar de cura.

Vi novas máscaras caírem, o que achava que estava curado, na verdade, estava mascarado; porém, naquele final de semana, Jesus me alcançou novamente, e entendi que estava no caminho certo, me senti mais uma vez como Paulo no caminho de Damasco. Não poderia nunca parar de me submeter aos cuidados do dELE.

Quero nesse momento trazer à sua memória que, aonde Jesus chega, há CURA!

Tudo a que trazemos luz tem a cura como destino alcançado.

O Senhor me levou a estudar sobre Discipulado, Paternidade, filiação, e, a cada livro, a cada *podcast*, a cada filme, a cada leitura, em cada mergulho na bíblia, a cada dia jogada no chão com meu Pai, eu ia sendo ministrada e curada.

Afinal: "Primeiro em mim, e depois por intermédio de mim!"

Como já disse, tive alguns Paulos nessas estações vividas, e como foi importante caminhar com pessoas que me adotaram por opção e transferiram tantos ensinamentos e derramaram tanta unção sobre a minha vida! Aos poucos tudo foi descortinando, e o Espírito Santo foi derramando um bálsamo de cura. A cada discipulado, tudo ia ficando mais leve, assim como a bíblia diz: "claro como a luz da Aurora".

A obediência e a dependência de Deus me trouxeram cura e direção. Sempre que Deus quer usar alguém, Ele começa uma linda reforma interna. É de dentro para fora! Ele mesmo quebra e reconstrói; do jeito dele, não do nosso.

Em Jeremias 18:3-4 diz: "*Fui à casa do Oleiro e o encontrei trabalhando na roda. Mas o vaso de barro que ele estava fazendo não saiu como desejavas, por isso ele amassou o barro e começou novamente*".

Aqui aprendo que, por diversas vezes, o Senhor nos remolda durante a caminhada.

Não somos pacientes de cuidados paliativos. Estamos nas mãos de um cirurgião plástico. Essa comparação certamente nos ajuda a entender o processo de restauração.

Nesse procedimento, as digitais dELE ficam em nós, e a cada dia nos tornamos mais sua semelhança.

As próximas páginas entregarão a você a direção de uma mulher improvável, que venceu o espírito de orfandade e assumiu sua identidade de FILHA AMADA.

Em algumas páginas, você receberá direções sobre a graça de gerar filhos e filhas, deixando assim um Legado Geracional nas Nações.

Quando uma ferida é curada, temos um Ministério aberto!

Hoje posso dizer que não sou uma coveira para enterrar as próximas gerações, e sim uma parteira que gera vida, sou uma geradora de vida, sou uma guardiã da essência e dos propósitos de Deus.

Assim como Sifrá e Puá, fui chamada para libertar, mas como Debora fui despertada para gerar.

Sou filha adotada por um Pai maravilhoso, que me deu como missão ajudar mulheres a resgatarem sua identidade através da adoção espiritual.

Sou uma parteira levantada pelo próprio Deus, que, por meio da Maternidade de Destino, impulsionará outras parteiras a gestarem e parirem filhas que um dia também se tornarão mães.

O legado é Transferido!

O legado é Geracional!

Não coma suas sementes, regue!

Lembra o projeto Parteira nas Nações que citei há pouco? Talvez este livro faça parte disso, uma semente que o próprio Deus se encarregou de fazer florescer. Existem muitas outras sementes que estou gestando no Senhor, no momento certo ELE mesmo fará nascer!

Minha oração é para que o Senhor me surpreenda, pois estou pronta!

Depois de orar e consagrar sua leitura, quero pedir para que você medite na letra desse louvor e adore ao Senhor. **Diz - Gabriela Rocha**. Depois, escreva nas linhas abaixo o que o Senhor falou ao seu coração.

Capítulo 1

Abatendo o espírito de orfandade

[11] Jesus continuou: "Um homem tinha dois filhos. [12] O filho mais jovem disse ao pai: 'Quero a minha parte da herança', e o pai dividiu seus bens entre os filhos.

[13] "Alguns dias depois, o filho mais jovem arrumou suas coisas e se mudou para uma terra distante, onde desperdiçou tudo que tinha por viver de forma desregrada. [14] Quando seu dinheiro acabou, uma grande fome se espalhou pela terra, e ele começou a passar necessidade. [15] Convenceu um fazendeiro da região a empregá-lo, e esse homem o mandou a seus campos para cuidar dos porcos. [16] Embora quisesse saciar a fome com as vagens dadas aos porcos, ninguém lhe dava coisa alguma.

[17] "Quando finalmente caiu em si, disse: 'Até os empregados de meu pai têm comida de sobra, e eu estou aqui, morrendo de fome. [18] Vou retornar à casa de meu pai e dizer: Pai, pequei contra o céu e contra o senhor, [19] e não sou mais digno de ser chamado seu filho. Por favor, trate-me como seu empregado'.

[20] "Então voltou para a casa de seu pai. Quando ele ainda estava longe, seu pai o viu. Cheio de compaixão, correu para o filho, o abraçou e o beijou. [21] O filho disse: 'Pai, pequei contra o céu e contra o senhor, e não sou mais digno de ser chamado seu filho.

[22] "O pai, no entanto, disse aos servos: 'Depressa! Tragam a melhor roupa da casa e vistam nele. Coloquem-lhe um anel no dedo e sandálias nos pés. [23] Matem o novilho gordo. Faremos um banquete e celebraremos, [24] pois este meu filho estava morto e voltou à vida. Estava perdido e foi achado!'. E começaram a festejar.

[25] "Enquanto isso, o filho mais velho trabalhava no campo. Na volta para casa, ouviu música e dança, [26] e perguntou a um dos servos o que estava acontecendo. [27] O servo respondeu: 'Seu irmão voltou, e seu pai matou o novilho gordo, pois ele voltou são e salvo!'.

[28] "O irmão mais velho se irou e não quis entrar. O pai saiu e insistiu com o filho, [29] mas ele respondeu: 'Todos esses anos, tenho trabalhado como um escravo para o senhor e nunca me recusei a

obedecer às suas ordens. E o senhor nunca me deu nem mesmo um cabrito para eu festejar com meus amigos. [30] Mas, quando esse seu filho volta, depois de desperdiçar o seu dinheiro com prostitutas, o senhor comemora matando o novilho!'.

[31] "O pai lhe respondeu: 'Meu filho, você está sempre comigo, e tudo que eu tenho é seu. [32] Mas tínhamos de comemorar este dia feliz, pois seu irmão estava morto e voltou à vida. Estava perdido e foi achado!'"

Lucas 15:11-31 NVT

Fazendo uma análise do versículo 18, percebo que o filho retorna à casa do pai e pede que seja tratado como escravo, como empregado, e não como filho.

A primeira característica da orfandade é que nos relacionamos com Deus como empregadas dEle, e não como filhas amadas.

Mesmo que Deus nos diga que é nosso Abba, nos relacionamos com Ele como escravas.

O órfão trabalha "PARA" Deus, a filha trabalha "COM" Deus. Deus não é nosso patrão, é nosso Pai. Quando estamos em uma missão, estamos com Ele, não para Ele, não fazemos nada sem Ele.

É como se o órfão sempre trabalhasse por uma moeda de troca, ou seja, por um salário. Na parábola do filho pródigo, o filho mais velho diz: "trabalho há anos para o Senhor, sem reclamar e nunca ganhei coisa nada com isso!".

Esse jovem estava dentro da casa de seu pai, mas vivia como órfão, pois exigia seu salário.

A filiação nos dá acesso à herança, e não a um salário diferenciado.

Quando entendemos que o Senhor nos deu o reino por herança, e não como um salário, nossa mentalidade de escravas se desconstrói, e assumimos o lugar de filha.

Eu vivi muito tempo como órfã e via minha vida de modo distorcido, mesmo tendo meu pai biológico vivo. Vivia e me comportava como órfã. Quantas vezes me propus a fazer votos com o Senhor, mas no fundo estava era barganhando alguma coisa. O Espírito Santo sempre me alinhava até em minhas tolices. Deus realmente não perde uma oportunidade, até nossos erros Ele usa para nos exortar em amor.

Você nunca precisará barganhar nada com Deus. A bíblia nos revela que o tolo desagrada a Deus.

"Senhor farei isso, me dá aquilo!".

Deus não está nem aí para nossos chiliques nem para nossas tolices. Ele nos vê como coerdeiras de Cristo, e isso basta. ***Você é filha!***

Repita isso em voz alta: EU SOU FILHA!

Uma pessoa com características de orfandade não sabe o que fazer, "gira em círculos igual a uma barata tonta" — você deve ter ouvido essa expressão. Ela se torna uma pessoa perdida, sem destino, e, para quem não sabe para onde vai, qualquer caminho serve; sempre se incendiará com coisas novas. Isso é momentâneo, pois logo mais achará outro caminho mais interessante e aí: "deixa vida me levar, vida leva eu!", como diz o samba do senhor Zeca — acho que você também já ouviu essa música em alguma rádio secular.

Os pais têm um papel fundamental no futuro dos filhos, pois são eles que apontam o destino. Profeticamente, são os pais que darão direção aos filhos.

A orfandade nos deixa sem rumo, sem propósito, nos sequestra em inúmeros projetos inacabados, nos faz perder tempo. São pessoas que entram e saem de empregos de maneiras injustificáveis.

O ÓRFÃO NÃO TEM DESTINO, ELE NÃO TEM IDENTIDADE.

Identidade vem da palavra IDEM, ou seja, igual. Se você está tentando descobrir quem você é, pare agora!

Comece a descobrir igual a quem você é!

Passei anos da minha vida me procurando, e você talvez pode estar exatamente assim agora, mas tenho uma notícia maravilhosa:

"Você é igual ao seu pai!"

Pare agora esta leitura, vá até um espelho e olhe para você com o mesmo amor que o próprio Deus te vê:

"Você é igual ao seu pai!"

Você nasceu de novo (pressuponho que seja cristã e tenha descido as águas. Caso não tenha vivido isso, viva! Jesus disse a Nicodemos: "Digo a verdade: Ninguém pode entrar no Reino de Deus se não nascer da água e do Espírito".

Você tem uma nova filiação, tem uma Paternidade estabelecida. Ame seu Pai, seu Abba, pois Ele é feito do mais puro amor.

Em 1 João 4:19, está escrito: "nós o amamos, porque Ele nos amou primeiro". O pai é amor. Ele não esperou você se transformar na Parteira Top One para te amar, Ele a amou primeiro. Ele não considerou suas características. Ele é o Pai, Ele é amor.

Há uma história de amor revelada nas escrituras entre Deus e Abraão. O Senhor chama Abraão e pede para que ele sacrifique Isaque, o filho que ele tanto amava. Abraão então pega Isaque e o leva ao holocausto, por amor.

Posso garantir que só o verdadeiro amor faz obedecer. Quando o Senhor me disse: "*Filha, larga esse processo, deixa ir, pois sou eu quem farei tudo novo de novo. Confia em mim, não tenha medo, mas, para que eu possa fazer, você precisa me entregar TUDO*" (mais para frente conto com mais detalhes como deixei ir minha Casa de Parto, logo fará sentido para você).

Confesso, fácil não foi! O Senhor já havia falado com meu esposo meses antes para entregar tudo a ELE, mas eu não aceitava e dizia: "como assim? E meus sonhos, meus projetos? Eu fui lesada e vou deixar quieto? Ela também é minha!".

Meu esposo disse: "Amor deixa com Deus". Mas eu estava tão, tão machucada, tão ofendida que "deixar Deus fazer, deixar Deus me amar" não era uma opção naquele momento, eu só queria gritar, pôr a boca no trombone como dizem, enfim queria fazer do meu jeito!

A autossuficiência também é uma herança da orfandade: as pessoas influenciadas pelo espírito da orfandade se distanciam do amor do Pai e carregam consigo uma dificuldade imensa de receber amor, também não conseguem amar.

Porém, é exatamente em momentos como esse que Deus nos ensina amar, nos pedindo o que achamos ter alto valor.

Li e reli a passagem que está em Gênesis 22 algumas centenas de vezes, quando o Senhor resolveu testar Abraão, dando-lhe uma ordem de amor. Foi ali que entendi TUDO, entendi o que realmente o Senhor pediu a Abraão e estava exatamente pedindo para mim: "Meu coração".

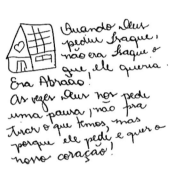

Esse post it eu desenhei quando entendi o que o Abba queria de mim!

O que é o amor?

O amor é submissão, é levar-se para ser abatido como um cordeiro, é matar a carnalidade, e sofrer muitas vezes. É entregar o que "tem preço, não o que tem valor".

Isaque subiu a terra de Moriá como uma criança e desceu como um homem de verdade, tudo porque seu pai, Abraão, o instruiu em obediência e amor.

Quero que saiba que Deus lhe dará um destino, mas dar destino dói, e dói muito!

Abraão deu o nome ao lugar do holocausto de JAVÉ-JIRE, "Deus Proverá", e é exatamente isso, o Pai sempre provê.

Hoje tenho convicção no meu espírito de que o cordeiro é Deus quem provê, mas a orfandade rouba o sentimento de pertencimento. Você sempre achará que alguém no plantão, no hospital, na padaria, na igreja, na academia não foi com sua cara.

O órfão sempre se vitimiza, pois o espírito de orfandade não o deixa se sentir pertencido.

Somente o Pai da a segurança de pertencer. Saiba que muitas atitudes da orfandade são ativadas inconscientemente. Quando você percebe, já está ofendida.

O órfão possui uma fome emocional insaciável, ele precisa de elogios o tempo todo. A autoafirmação é constante, sempre deseja ser o melhor onde está, mas apenas no intuito de ouvir que é uma pessoa especial.

Eu já fui essa pessoa um dia. Uma órfã!

Porém, quero lhe dar mais uma boa notícia: quando você tem um Pai, quando o espírito de orfandade é retirado do seu coração, dando à luz ao Espírito de filiação, você não se sente mais deslocada, nunca mais sentirá a sensação de "tô sobrando!". Isso passa, sabe por quê?

Porque você entenderá que onde estiver, seu Pai também estará; terá a sensação de "me sinto em casa" em todos os lugares, pois seu Pai habita em você, e você habita nELE.

A orfandade nos faz ver a vida sempre como um copo vazio, só olhamos para o que nos falta, vivemos reclamando.

Deus é afeto! É palavra de afirmação sobre você e sobre mim (escrevo com os olhos marejados, pois consigo sentir o toque fresco do amor de Deus em mim).

Deus é parecido com o pai da parábola do filho pródigo: o coração do pai fica taquicardíaco ao ver o filho. Ele corre ao encontro do "filho sujinho" e começa a beijá-lo!

Você pode, assim como eu, não ter vivido em um ambiente seguro, abundante, seja no âmbito das emoções, das finanças, de afeto, enfim... Mas, como sou portadora de boas notícias, trago mais uma excelente para essa hora: **seu Pai é um Pai provedor**!

O Abba é o Pai dos órfãos. Para toda carência que você carrega, há um remédio, e esse remédio está nELE.

Filhos maduros buscam a vontade do Pai, você tem Pai!

Deus é provedor! Deixe-O fazer, deixe Deus agir na sua vida. Ele lhe bastará, e você nunca mais se sentirá sozinha; nunca mais será vítima, e sim filha!

Deus é amigo. Jesus disse: "não chamo mais vocês de servos, pois servos não sabem o que faz seu Senhor, por isso os chamo de amigos!" Reconecte-se com o Abba, Ele sabe exatamente tudo que já fez um dia, você nunca foi uma surpresa para ELE. Mesmo assim ELE escolheu amá-la primeiro e chamá-la de filha!

Reconheça que ELE pode todas as coisas, ELE a carregara no colo em cada ciclo, em cada estação. Ainda que você nunca tenha se sentido segura em nenhum relacionamento que já teve ou tem, saiba que, no relacionamento com o Abba, ELE nunca quebrará a aliança que tem com você. Nunca vai abandoná-la, Ele é seu verdadeiro Pai!

Lembre-se de que Deus se move por alianças, e não por conchavos. ELE tem uma aliança contigo, apenas creia!

Ore ao Senhor, medite na letra desse louvor, adore ao Senhor, ele falará com você! **Nos Braços do Pai - Diante do Trono**. Depois, escreva aqui nas linhas abaixo o que o Senhor falou ao seu coração.

Capítulo 2

Viva seu casulo, honre seu processo

Está bem Jesus, eu aceito! Com lágrimas correndo em meu rosto, eu disse sim, e permaneci por 12 meses escondida por ELE e com ELE.

Regressar de forma direcionada é abraçar o destino guiado por Deus; se eu puder encorajá-la: "Abrace-os!"

Naquele final de semana, entendi que precisava viver uma nova reconstrução, de maneira mais profunda e totalmente intencional. "Deus não quer me punir", eu pensava. ELE quer me dar acesso a todos os sonhos que nitidamente me mostrou no secreto. Certa de que Deus me reposicionaria ao me reconstruir, disse: "Eis-me aqui!"

Você, que está lendo este livro agora, pode até pensar que foi fácil, mas saiba que não foi. A vontade de gritar e sair correndo muitas vezes foi real. Eu chorei, gritei com um travesseiro tampando meu rosto diversas vezes.

Mais uma vez lembro que, **aonde Jesus chega, há cura!**

Eu sempre ouvia que pessoas curadas curam, e a reprovação não era algo que gostaria de levar em minha bagagem como adorno.

Minhas emoções estavam colapsadas. Elas foram enterradas com a Casa de Parto, você deve imaginar. Tive clareza exata disso depois de uma conversa muito profunda com meu marido. No meio de uma discussão, ele me lembrou os motivos pelos quais havíamos ficado separados por dois anos: eu deixei cuidados básicos de lado. De certa forma, "abandonei" nossos filhos, nossa casa e até o autocuidado. E, lógico, a consequência disso apareceu: eu estava abandonando nosso casamento.

Nós havíamos lutado tanto para restaurar nossa família e a conexão com nossos filhos, que não seria justo não trazer à memória toda esperança e transformação que o Senhor já havia realizado em nós até ali.

A dor nos leva para um lugar de murmuração muitas vezes, e isso nos rouba da graça. Reconhecer nossas ruínas internas é a melhor maneira de sermos resgatadas e reconstruídas em Deus e por Deus.

Mais uma vez me lembro da história da mulher Samaritana, quando Jesus mudou a rota de sua viagem para encontrá-la! Jesus é intencional, Ele não desperdiça nenhuma estação. Que sorte a minha: mais uma vez Ele me resgatou.

Sim, foi meu esposo quem Deus usou para me alinhar em diversas situações que eu estava negligenciando há muito tempo, afinal, é mais fácil fingir que está tudo bem quando lá no fundo, não está nada bem, está apenas mascarado.

O Senhor sempre usará seu marido (se você for casada) ou alguém de relacionamento próximo, como seus pais ou irmãos, para corrigi-la no processo de realinhamento e cura.

Pela primeira vez, tornarei público o que realmente aconteceu com a minha 1ª Casa de Parto.

Em junho de 2021, inauguramos o 1º Centro de Parto Normal do extremo Sul da Bahia, localizado na cidade de Porto Seguro (no seio da Nação), com o nome de Mãe do Descobrimento. Passei por um desafio surreal durante todo processo, da obra até a inauguração.

Fui para lá fazer sociedade com um amigo. Ele possuía um hospital geral na cidade há mais de 10 anos, mas, por diversas situações, decidiu sair do projeto logo no início, e seguimos, meu esposo e eu, até que o dinheiro que havíamos separado para a Casa de Parto acabou. Tudo isso aconteceu no meio da pandemia, em 2020/2021. O que custava $15 passou a custar $45, e todo planejamento, que já não era um dos melhores, foi por água baixo.

Estava com uns 70% da obra concluída quando comentei com uma parceira comercial, dona de uma loja de artigos infantis, que eu precisava colocar papeleiros na casa de parto e ela me indicou um casal que representava uma famosa marca desses *dispensers* que você certamente já teve contato quando lavou e secou suas mãos em estabelecimentos comerciais. Foi assim que conheci meu futuro novo sócio, numa visita (que durou umas sete horas) de apresentação de produtos da empresa da qual ele é representante no sul da Bahia. Ali começamos a conversar tarde e noite adentro.

No início da conversa, o casal apresentou os produtos e as marcas que representavam, papo vai e vem. Falamos também sobre processos de esterilização e desinfecção, pois eles vendiam saneantes para alguns hospitais da região, segundo ele.

Em menos de duas horas, comecei falar do projeto da Casa de Parto, dos planejamentos que já havia feito para os próximos 24 meses — isso incluía virar franquia, meu desejo era abrir a 2ª Casa de Parto no Espírito Santo.

Estávamos em um consultório logo na entrada, sentados no meio da poeira da obra. Eles pediram para conhecer nosso espaço, e, conforme íamos andando, eu contava como funcionaria, inclusive, compartilhei que a prefeitura local já havia assinado um documento de intenção de conveniar o serviço de atendimento ao parto para as gestantes de baixo risco, e, claro, ele ficou encantado com a novidade!

Eu lembro, como se fosse hoje, o senhor me oferecendo um MOP, uma espécie de vassoura mágica, dessas que armazenam produtos, no qual você espirra e já passa o pano junto. Eu fui tão íntegra com eles ao dizer que não poderia comprar coisas além do que poderia pagar, pois estava em uma situação financeira delicada naquele momento. Estávamos retirando dinheiro de nossas reservas para manter nossa família, e até o que não podíamos estávamos a injetando no projeto da casa de parto. Lembrando que estávamos no meio de uma pandemia e precisávamos abrir as portas e funcionar, mesmo que a casa estivesse inacabada na sua totalidade. O que já estava pronto era suficiente para começar a funcionar.

Deixei claro naquele momento que lealdade e parceria eram muito importantes para mim. O senhor chegou a sugerir entregar os produtos para que pagássemos quando pudéssemos, mas eu disse não! Só compraria o que poderia pagar naquele momento.

A Casa já tinha o essencial para operar com três quartos de parto. O resto seria construído conforme o tempo, pois eu já não conseguiria mais terminar tudo primeiro para poder abrir as portas. Meu financeiro já estava bastante comprometido, precisava funcionar.

Confesso para você que nessa mesma noite nossa vulnerabilidade foi revelada. Estávamos muito cansados, não só fisicamente, mas emocionalmente também; havíamos chegado a um ponto em que não podíamos mais desistir. Infelizmente muitas vezes medimos as pessoas com nossa régua. Achamos que o outro fará o que nós faríamos, mas nem todo mundo é totalmente bom e leal. As pessoas são o que são, mas a bíblia diz que conhecemos a árvore pelos frutos, e meu erro foi não me lembrar disso naquele momento.

Depois de muitas horas de conversa com direito a pizza e refrigerante, abrimos nossa situação financeira, e aí veio a "tal proposta".

Resumindo, caímos!

Dois dias depois estávamos nós, meu marido e eu, fazendo sociedade com quem "comprou" um sonho que estava quase pronto. Naquela ocasião, as gestantes da região e a própria prefeitura aguardavam ansiosamente a inauguração para poder encaminhar as pacientes para nosso serviço.

Àquela altura eu já fazia parte de reuniões da rede cegonha da Bahia, ministrava treinamentos para a rede da atenção básica da cidade acerca da vinculação da casa de parto, realizava reuniões constantes com a secretaria de saúde municipal alinhando os processos. Já havia um corpo clínico estabelecido, processos de assistências prontos, inclusive, havia sido premiado como iniciativa exitosa pelo projeto da casa de parto pela Nursing Now Brasil, um projeto do Conselho Federal de Enfermagem (COFEN).

Não quero me estender nos detalhes desse assunto. No meu coração já está resolvido, e o perdão já foi liberado. A vida precisou seguir, mas lembro que alianças sem a direção e a aprovação de Deus acabam em tragédias, grandes trapaças, lágrimas, feridos; foi assim comigo. Anote isso com letras garrafais: não faça alianças guiadas por suas emoções, sem propósito e, principalmente, sem a direção e a aprovação de Deus.

Muitas coisas aconteceram no período do primeiro casulo, os 12 primeiros meses que o Senhor me guardou.

Nesse período, graças a Deus, minha família estava muito unida, mas estávamos destroçados. Minhas emoções foram confrontadas, meu caráter cristão e meu coração começaram a ser esculpido pelo Espírito

Santo, e, ouso dizer, que pude sentir exatamente o que Abraão sentiu quando Deus o colocou a prova dizendo: "*Tome seu filho, seu único filho, Isaque, a quem você ama, e vá para região de Moriá. Sacrifique-o ali como holocausto num dos montes que lhe indicarei*". Essa passagem está no livro de Gênesis 22:2.

Eram quase quatro horas da madrugada de uma quarta-feira, dia 23 de novembro de 2021, quando o Senhor me acordou e me levou à sala do meu apartamento em Vitória-ES. Ali tive um momento de oração e uma entrega total do meu Espírito ao Senhor. Foi uma experiência sobrenatural que tive com Deus. Naquele momento, pude ver nitidamente como essa história acabaria. O Senhor trouxe uma visão clara, como se eu estivesse no cinema assistindo ao que Ele faria, mas, para que isso acontecesse, eu precisava entregar "minha filha" (era assim que eu chamava a Casa de Parto, minha menina de laços rosados) a Ele como um ato profético.

Eu me levantei e fui para lavanderia do apartamento, me ajoelhei no chão, coloquei meu rosto no chão e, ali, em prantos, relutei por uns minutos. Até questionei se era justo, mas acabei me rendendo, orando ao Senhor e entregando então tudo a ELE. Daquele dia em diante, eu não choraria mais, Ele poderia fazer do jeito que Ele quisesse. Vieram à minha mente as palavras de Jó: "Deus me deu, Deus tirou, bendito seja o nome do Senhor!".

Então, peguei meu celular e gravei um vídeo chorando, contando como Deus fez e como seria meu testemunho. O Senhor me deu uma palavra naquele dia, e é sobre essa palavra que tenho me movido nos últimos anos.

Dias depois fui estudar a história de Jó, que, além de linda, é edificadora, me trouxe forças e direção naqueles dias.

Um dia quem sabe você terá acesso a esse vídeo, em um próximo livro talvez, sigo obedecendo às direções de meu Pai, para que o dia que ELE me mostrou chegue logo!

Quero compartilhar uma vulnerabilidade com você: "Não tô nem acreditando que tô escrevendo esse livro aqui, acredita?".

Porém, quando entendemos que não somos nós, e sim o próprio Espírito Santo quem faz, a ansiedade vai embora, e ELE faz! ELE faz!

No dia seguinte, liguei para minha advogada e comuniquei que deixaria todo processo. Ao contrário do que disseram, não houve processo nenhum; existe uma promessa, e é sobre ela que eu caminho. Segue absolutamente TUDO nas mãos de meu Pai, é ELE quem me justifica.

A pastora Viviane Martinello, em seu livro *Mulheres Improváveis*, diz que a unção nos separa, mas o que nos prepara é a dor.

Os processos nos moldam, nos amadurecem e, consequentemente, nos transformam.

Quando saímos do lugar de mediocridade, começamos a viver aquilo que Deus tem para nós. Situações mal resolvidas, feridas abertas e não tratadas nos travam em lugares de sofrimento e desobediência.

Nossa vida ministra, por isso antes de Deus nos usar e nos estabelecer, precisamos permitir que ELE nos cure.

> *"Pois ele fere, mas trata do ferido; ele machuca, mas suas mãos também curam!"*
> *Jó 5:18 NVI*

Precisamos passar por uma metamorfose para sermos reconstruídas, mas temos uma visão limitada. Imaginamos muitas vezes que tudo se transformará do dia para noite, que as promessas serão alcançadas num estalar de dedos, mas não é bem assim.

Durante esse tempo de casulo, me identifiquei com muitas histórias da bíblia, e nesse momento quero falar com você sobre José.

Todo processo que José viveu foi exatamente o que fez tudo dar certo na vida dele no final, ou seja, no cumprimento do propósito de Deus pra ele (Gênesis 37).

Primeiro Jacó, seu pai, lhe deu uma túnica linda e muito especial, naquele momento, José teve sua identidade de líder evidenciada pelo próprio pai Jacó. Quando o Senhor dava sonhos a ele, era o próprio Deus revelando seu destino profético. Quando José revelou seus sonhos aos irmãos, acabou sendo vendido como escravo, mas foi exatamente essa atitude que o levou para o cumprimento do propósito de Deus, que foi proximidade com Faraó, quem o tornaria, no futuro, governador do Egito.

Percebe como Deus é intencional em tudo.

Existirão situações que rejeitaremos, lugares ou pessoas, mas, na verdade, tudo faz parte dos planos de Deus, do cumprimento da promessa.

Jesus não tinha pecado, não tinha erros, Ele era Santo, e o que Deus nos ensina com isso: "Filha, nem todos que passam por processos são culpados ou fizeram algo errado!"

Todo investimento do Abba em mim e em você nos levará a um lugar de esmagamento para que o próprio Deus extraia o melhor de nós.

Nosso redentor foi crucificado, foi chamado de maldito, cuspiram nELE, Ele foi apedrejado, traído, e nada de errado foi encontrado em Jesus, mas "todo esmagamento" fazia parte do processo que Ele passaria para chegar ao seu destino e cumprir seu propósito.

A cruz foi o processo necessário para que você e eu pudéssemos ser salvas.

O tempo de casulo nos amadurece, muda nossas rotas, é onde somos realinhadas e nosso destino é mudado.

Fique certa de que, quando você for ao secreto com seu Abba, ELE poderá lhe dar uma palavra, uma visão, uma direção, mas certamente não contará o caminho que você terá que percorrer para chegar àquele lugar.

Se eu puder deixar um conselho: viva cada estação, mas viva com intensidade seu tempo de casulo, sejam quantos forem.

Você verá tanta beleza onde dizem que só tem esmagamento e escuridão!

Nesse tempo de casulo, pendurei muita meia no varal chorando, mas, nesse mesmo tempo, descobri que servir à minha família não era um fardo, era um princípio. Como querer funcionar lá fora, se existem princípios quebrados dentro.

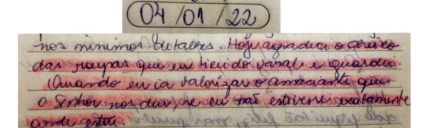

Como posso cuidar dos filhos de alguém no hospital, se não vejo graça em servir os meus na minha própria casa.

Eu vivi assim por mais de 15 anos. Trabalhava de sol a sol, e minha família recebia apenas o que sobrava. Quando me dei conta, meu filho mais velho estava com 23 anos e ainda carregava com ele as manias da tia da escolinha.

Para você ter uma ideia, comecei a trabalhar muito cedo e cresci ouvindo da minha mãe que homem não prestava e que eu precisava ser independente. Essa era uma ferida aberta nela. Raízes de abandono, rejeição e orgulho trouxeram muitas consequências para ela e para mim também. Esse era o discurso e o exemplo que tive. Quando percebi, estava reproduzindo os mesmos padrões da minha mãe, que me criou "na mão de empregada", porque também necessitava trabalhar para nos sustentar e não tinha nenhum apoio do meu pai. De fato, minha mãe é uma sobrevivente. Levei 40 anos para enxergá-la assim!

Fechar o ciclo familiar foi necessário, pois o perdão é um grande remédio. Como foi bom entender que curar as raízes de dor me libertaria de comportamentos nocivos dentro da minha casa.

Deus sempre está. Ele é o Pai do órfão, da viúva, meu e seu também. Então, decida pelo caminho da cura: fechar ciclos doloridos gerará restauração não só sua vida, mas nas próximas gerações.

Como estava dizendo, trabalhar é necessário e legítimo, mas equilibrar nossas funções e papéis é o mais precioso. Na verdade, é o que Deus espera de nós.

Nossa família é nosso primeiro ministério, você já deve saber disso. Como posso dedicar horas do meu dia no trabalho, ser tão excelente com as coisas do trabalho, e em casa só entregar o que sobra?

No tempo do casulo, o Senhor pedirá coisas que custarão, às vezes, TUDO, mas saiba que nenhuma semente lançada no solo do Senhor é infrutífera. Ele nos ama em qualquer estação.

Os nãos do Abba são sempre protetivos. Mesmo chorando, siga aguardando escondidinha dentro do casulo. A paz a alcançará, a graça a abraçará. Aprendi e posso compartilhar que, se algo não for resolvido nesse casulo, virão outros até que tudo se resolva.

Lembre-se do povo de Israel que ficou 40 anos no deserto por desobediência. Quanto mais eles desobedeciam, mais processo, mais desgastes, mais choro, mais demora e menos avanço.

Quando isso ficou claro para mim, parei de me debater no meu casulo, pois a forma que você reage aos processos vai determinar o tempo que ficará escondida e parada no deserto. Sua obediência falará muito sobre sua autoridade depois.

É como um bebê, que só nasce se existir a fecundação primeiro. Esse processo é gerado no secreto, dentro do corpo materno. Assim são os belos frutos que vemos em lindas árvores: nascem apenas depois que a semente morre.

O fruto é a EXPOSIÇÃO da semente que morreu e foi gerada no secreto.

A semente é como a lagarta, escondida ela é GERADA!

Certamente quem está fora do que você está vivendo não entenderá seu sumiço, muito menos suas escolhas, mas não se apegue a isso. Serão suas cicatrizes que estabelecerão no propósito.

SUAS MARCAS SINALIZARÃO SUAS MUDANÇAS E SUA AUTORIDADE.

Jesus, quando ressuscitou, foi encontrar-se com seus discípulos, e a primeira coisa que fez foi mostrar suas cicatrizes, as cicatrizes do seu propósito consumado. Ele mostrou as marcas dos pregos aos discípulos.

Deus está levantando uma geração de parteiras completamente improváveis aos olhos do mundo e totalmente prováveis para ELE.

Essas mulheres estão "escondidas" entre louças, medos, dívidas, filhos, pilhas de roupa para passar, frustrações, casamentos frágeis ou orfandade. Elas se sentem escondidas como a semente e a lagarta.

As borboletas, quando vistas na fase da lagarta, são improváveis aos olhos humanos, mas são totalmente prováveis aos olhos de Deus.

As lagartas, quando escondidas em seus casulos escuros, úmidos e silenciosos, são prensadas, solitárias, rastejam. Mesmo assim, elas se submetem. Somente a submissão e a obediência no "estar" permitirão que a lagarta saia linda e forte, com asas belas e coloridas, para que assim alcance voos altos na direção do propósito estabelecido para ela.[1]

A lagarta precisa de um processo para virar borboleta; ela precisa dizer sim, como eu e você.

Na fase em que estamos como a lagarta escondida no casulo, somos desmascaradas! Nessa fase nos deparamos com quem realmente somos e quem acreditamos ser, as máscaras começam a despencar uma a uma.

Lembra-se de Jó? Se não conhece a história dele, convido você a parar essa leitura agora e ler o livro de Jó. Depois retome o livro com outro olhar.

Jó honrou seu tempo de casulo, foi exatamente isso que deu autoridade a ele depois de todo processo vivido.

Não tenha pressa, desfrute!

O salmo 126: "[...] *o Eterno trouxe de volta os exilados de Sião! Nós rimos e cantamos, sem acreditar em tanta felicidade. Éramos assunto nas nações — O Eterno foi maravilhoso conosco! Assim, os que plantaram sua semente em desespero vibrarão de alegria na colheita, e os que saíram com coração aflito voltarão para casa sorrindo, com os braços cheios de bençãos".*

Você tem dúvida de que o fim é melhor que o começo?

Respeite seu processo, respeite o tempo. Como uma boa parteira, você sabe que bebê que nasce antes da hora é prematuro e, geralmente, passa por muitos desafios. Não seja como a vizinha chata, que fica perguntando para gestante que dia o menino vai nascer! Não permita que a ansiedade do mundo lá fora faça com que você rompa seu processo e saia do casulo. Confesso que fui tentada várias vezes a sentar em mesas que Deus me disse não ou aceitar propostas de trabalho que Deus já havia respondido "agora não"!

O bebê dentro do útero na mãe é guardado até ficar de Termo para nascer. A prematuridade faz com que ele perca estações no seu processo de maturidade.

Em seu casulo, você entrará rastejando e sairá voando. Casulo não é fim, é o meio para todas as coisas que vêm depois dele. Ali você se desenvolverá e aprenderá que: "toda dor é por enquanto"[1]. Doerá, mas valerá a pena.

Em 2 Coríntios 12:9 diz: *"Minha graça é o suficiente para você, pois o meu poder se aperfeiçoa na fraqueza"*.

Nossas fraquezas serão expostas, nossos fracassos certamente serão conhecidos, mas os processos vividos nos aperfeiçoarão, nos trarão benefícios que nada do que conquistemos sozinhas poderá trazer.

NOSSAS FRAQUEZAS REVELARÃO A GLÓRIA DE DEUS EM NÓS.

Você sairá de dentro do casulo parecida com ELE, sabe por quê?

Nós somos governadas por aquilo em que colocamos nossos olhos. Mantenha-se dentro do casulo com os olhos nELE!

Não se envergonhe da sua história, somente você e Deus a conhecem verdadeiramente, e Ele sabe o sangue suado para chegar até onde se encontra.

Uma gestação não será baseada na velocidade. Ela tem até 42 semanas pra acabar —queira a gestante ou não. Claro que o bebê pode nascer antes, mas o trabalho de parto é quem vai validar se ele está pronto para chegar. A gestação refere-se muito mais à resistência, obedecer ao que precisa ser feito para que alcancemos o dia perfeito: o nascimento!

Talvez você seja tentada a marcar uma cesárea antes da hora, mas espere o bebê dar sinais de que está pronto para nascer. Permita-me deixar uma direção para você:

---

[1] Mowana Debora – *Mulheres Reconstruídas*.

"**Priorize seu tempo com seu Pai**". Casulo é tempo de qualidade com o Pai!

A intimidade trará instruções para o tempo de "casulamento". Dobre seus joelhos, busque sem parar. Examine as escrituras, pois ali pularão diante dos seus olhos as direções do Pai para você, será nessas páginas que o próprio Deus revelará sua identidade.

Assim é a semelhança com a metamorfose: lagarta para a borboleta.

Casulo respeitado, voo autorizado e propósito alcançado!

Pare agora e ore um pouquinho ao seu Abba. Quero que medite na letra deste louvor e adore ao Senhor. **Prioridade – Midian Lima**. Depois, escreva nas linhas abaixo o que o Senhor falou ao seu coração.

Capítulo 3

Você é diferente

Eu, Patrícia, enfermeira obstetra, uma parteira lançada como flecha em missão especial por Cristo, escrevo a vocês, enfermeiras obstetra, parteiras, minhas filhas na fé. Desejo o melhor de Cristo e de nosso Deus para vocês!

Estou em uma nova estação aqui em São Paulo. Hoje é 1º de junho de 2023. Cheguei há pouco de Vitória–ES, depois de uma longa expedição, onde primeiro passei por São Luís, no Maranhão, e por Porto Seguro, na Bahia.

Quero aconselhar vocês a permanecerem onde o Senhor as colocou. Fiquem firmes! Não importa o cenário, sigam firmes ensinando com a própria vida de vocês.

Observei que muitas que estão ensinando por aí estão ludibriando mentes por meio de discursos ideológicos e fantasiosos em vez de realmente conduzirem gestores a fazerem o que é certo ao povo. Precisamos conduzi-los ao equilíbrio, e isso só será possível por meio da fé e da sua obediência.

Pregamos com nosso sacerdócio, e a essência dele é o amor — não um amor com interesses próprios — nem por uma fé em nós mesmas, mas por termos nossa vida prostrada aos pés do Abba e direcionada pelo nosso Senhor e Salvador.

Os gestores atuais estão distanciados da essência do amor e do cuidado genuíno. Muitos estão perdidos dentro de um labirinto de ideologias. Eles fingem estar bem-intencionados, mas na verdade são piores que muitos religiosos, pois pregam palavras vãs. Na verdade, fingem que sabem a importância do que estão falando.

É verdade que políticas públicas e as leis existentes são importantes e por vezes funcionam, mas vale lembrá-las que: fazer bom uso dessas políticas públicas com responsabilidade é mais importante que debater novas leis para cumprir leis já existentes. Isso é irresponsabilidade!

Essas mesmas pessoas que levantam audiências públicas gritam nos microfones suas ideologias e interesses pessoais e acabam desafiando a autoridade do Abba; não pensam no que de fato é certo e errado a respeito da vida, do sexo, do gênero e toda verdade direcionada por ELE na "Grande Mensagem".

Sou grata demais a Cristo Jesus, que me julgou capaz de cumprir essa tarefa (e que tarefa!).

Mesmo que eu não mereça essa confiança, venho aqui escrever para vocês que ELE me comissiona para isso; ELE confiou a mim esse ministério.

Cheguei até ELE com algumas credenciais: orgulho ferido, autossuficiência, autoritarismo, intolerância, mas mesmo assim fui tratada com misericórdia, porque eu não sabia o que estava fazendo — lutava, lutava, mas na verdade, nunca soube de fato com quem eu estava lutando.

Quanta graça e amor, misturado com fé ELE derramou sobre mim e dentro de mim. É por causa de Jesus que ELE fez isso.

Filha, estou semeando essas palavras em seu coração. Confie nela: Jesus Cristo veio para salvar o mundo, salvar os pecadores do mundo.

Quero dizer a vocês que sou a prova viva disso, jamais conseguiria qualquer coisa sem ELE.

E agora estou aqui sendo apresentada por ELE a você, como prova da sua paciência sem fim, pois minha obediência e confiança me deram acesso direto a ELE.

> *"Profunda honra e esplendorosa gloria ao Rei de todos os tempos — Deus único, imortal, invisível, Sempre e sempre, Amém!"*
>
> *1 Timóteo 1:16-17*

Minha filha amada, uma Parteira flecha lançada nessa nação, estou me dirigindo a você com uma palavra profética: "***Essa missão agora é sua!***".

Sabe aquelas orações? Elas serão atendidas, para que você faça um trabalho de excelência. Seja destemida, minha filha amada, em sua luta. Apegue-se à fé em nosso Abba, pois nós estamos em plena guerra.

Você verá muitas de suas irmãs que relaxarão na fé e farão uma bagunça danada.

Se blasfemarem contra ti, não se preocupe, entregue a Satanás que ele toma conta. Siga olhando para o alvo.

Eu sei que isso é forte, mais saiba que uma pedra preciosa: quanto mais rara, mais valiosa ela se torna. Portanto, quanto mais rara você for, maior será seu valor.

Cumpra princípios e se torne uma raridade!

Você é diferente, mas o trabalho é dELE.

Peço que medite na letra deste louvor e adore ao Senhor. **Não tenhas sobre ti – Paulo Cesar Baruk**. Depois, escreva nas linhas abaixo o que o Senhor falou ao seu coração.

_____
_____
_____
_____
_____
_____
_____
_____
_____
_____
_____
_____
_____
_____
_____
_____
_____
_____
_____
_____
_____
_____
_____
_____
_____

Capítulo 4

Seja sua fé, simples: submeta-se e não seja escrava do medo

A primeira coisa, filha, que peço a você é que pratique as disciplinas espirituais. O propósito das disciplinas espirituais é libertar o ser humano da escravidão sufocante ao interesse próprio e o medo.

> *"A vida que agrada a Deus não é aquela que acumula deveres religiosos. Precisamos direcionar nossos esforços para viver uma vida de relacionamento e intimidade com Deus".*
> *Tiago 1:17*

Existe algo contra o qual precisamos lutar diariamente, que é o sentimento de que somos capazes de obter sucesso e alcançarmos a vitória sobre o pecado usando unicamente nossa força de vontade; quando fazemos isso, estamos "contemplando" nossa vontade.

Quando estamos diante das pessoas, aquilo que somos se manifesta. Por mais que possamos tentar nos esconder, a realidade, por meio das expressões corporais, aparece. Se tivermos cheios de compaixão, isso será revelado. Se estivermos cheios de amargura, isto também será revelado.

Deus nos concedeu as disciplinas espirituais como meio de recebermos graça. Com elas, podemos nos aproximar de Deus a fim de sermos transformadas.

Richard Foster, no livro *A celebração da disciplina: o caminho do crescimento espiritual*[2], fala detalhadamente acerca das disciplinas espirituais.

---

[2] Richard Foster – *Celebração da Disciplina.*

O mundo que vivemos está faminto de pessoas genuinamente transformadas. Todos pensam em mudar a humanidade; mas ninguém pensa em mudar a si mesmo.

Ore, vá para o secreto, dobre seus joelhos, faça como você souber. Ore por todas as pessoas que o Espírito Santo trouxer à sua memória, mas especialmente pelos gestores de serviços materno infantil e todas as equipes. Ore pelos governantes, para que políticas públicas eficazes sejam verdadeiramente implantadas, ore para que tudo caminhe bem, de modo que estejamos tranquilas em nossa disciplina de serviço, afinal, é assim que nosso Deus deseja que vivamos.

Filha, lembre-se de que ELE deseja que todos o conheçam e sejam salvos. Só existe um único Deus, ELE é único Sacerdote Mediador entre Deus e nós — Jesus, que se ofereceu em resgate para libertar todos os pecadores. Pouco a pouco, você verá toda notícia se espalhar entre as nações.

Nesses últimos três anos, minha única tarefa tem sido levar essas notícias aos que nunca ouviram nada a respeito de Deus (isso começou dentro da minha própria casa) e alinhá-los com a Mensagem do Abba, com simplicidade e fé, apenas pela verdade de quem ele é. **Sua vida ministra: guarde isso!**

A oração é a base de tudo, precisamos levantar pessoas para orar e não brigar como inimigos e as mãos levantadas precisam ser santas.

Nós, mulheres, temos que estar adornadas com humildade e presença de Deus, não apenas com *scrubs* (uniformes cirúrgicos) modernos e ótimos sapatos de bichinho. Afinal, a beleza está na presença, e não no espelho.

Se você for uma mulher casada, peça ao seu esposo que ele a abençoe, que libere palavras proféticas de bênçãos e lhes envie. Persevere na fé, na Santidade e no amor, isso a tornará cada vez mais madura. Tenha certeza disso.

"Porque não recebestes o espírito de escravidão, para, outra vez, estardes em temor, mas recebestes o espírito de adoção de filhos, pelo qual clamamos: Aba, Pai" (Romanos 8:15). **Não mais escravos – Fernandinho**. Medite nesse louvor e depois, escreva nas linhas abaixo o que o Senhor falou ao seu coração.

Capítulo 5

Sua vida ministrará: essa é a qualificação de uma verdadeira parteira flecha

Muitos desejam ser líder, e isso é completamente plausível. Liderar uma equipe, um projeto, até mesmo seu próprio chamado, é algo que exige algumas condições, afinal, colheremos o que semeamos. É preciso ter um bom caráter, e isso não está ligado ao fato de ser uma pessoa carismática, e sim sobre ser irrepreensível.

Filha, é preciso entender que, antes de liderar movimentos, você precisa estar alinhada com o que é saudável aos olhos de Deus: Ser esposa de um homem só, modesta, hospitaleira, entender o que fala e ser sempre muito gentil, pois a gentileza é apaziguadora de conflitos. Ser irrepreensível lhe dará aceitação pelo que é com sua vida não com suas palavras. *Uma flecha que acertou o alvo é reconhecida primeiramente pelos frutos de sua própria casa.* Ali é seu primeiro altar de adoração ao nosso amado Abba. Cuidar de nossas famílias vai validar nossas ferramentas para cuidar de outras famílias "lá fora".

Não tenha pressa e não faça tudo correndo, pois o orgulho de chegar primeiro vai lhe roubar dos propósitos que Deus já separou para você. O orgulho é estratégia de Satanás, é assim que ele a condenará.

Satanás deixou seu lar por orgulho e deseja que a mesma situação aconteça conosco. O foco de Satanás é destruir nossas referências. Lar é todo lugar de comunhão, discipulado e destino.

O bom relacionamento com outras Parteiras, que tenham ou não um chamado semelhante ao seu, lhe trará segurança e honra, pois aquele que se alinha à desonra abre brechas e dá oportunidades a Satanás em se tornar uma fortaleza, afinal, não lutamos contra carnes, e sim contra potestades.

A arrogância e os raciocínios divididos levam nossos pensamentos a cativeiros. Cuide de seus pontos cegos: orgulho, ganância, idolatria, negação de erro cometido e, acredite, boas intenções não absorverão problemas causados por deslizes cometidos e não tratados.

Tenha consigo uma consciência limpa, seja experimentada pelo Abba, permita-se ser tratada quantas vezes necessário for. Lembre-se de que o encasulamento fará parte da sua jornada com ELE.

Comece! Semeie em grupos pequenos, até que ELE a prepare durante a jornada e comissione para grupos maiores. Serão as batalhas vencidas que lhe darão acesso a medalhas e patentes.

Vá com medo mesmo. Eu também tenho medo o tempo todo, mas esse medo não nos desqualifica. Na verdade, ele nos mantém dependente do Pai. Sabe por quê? Nunca seremos capazes de fazer nada sem a dependência dELE.

A bíblia diz que o tempo é capaz de esfriar muitas coisas, bem como a distância. Pessoas de mentira pregam palavras vãs e mentirosas, ensinam uma doutrina que o Abba não validou. Elas são originárias do pecado, e isso fará que você veja muitas Parteiras esfriarem em seus chamados, essa Parteira também pode ser você!

"Portanto, cada um de vocês deve abandonar a mentira e falar a verdade uns aos outros, pois todos nós somos membros de um mesmo corpo"
Efésios 4:25.

Você só será de verdade, quando suas palavras estiverem alinhadas com seu coração. Seu coração deverá estar rendido às Escrituras.

Não rejeite a palavra genuína do Senhor, pois é ela que vai guiá-la durante o cumprimento do seu ministério. Não pule nenhum verso, não superespiritualize, porque isso poderá virar uma seita perigosa.

Não interprete a Palavra como se tudo tivesse a ver com você. Cuide-se, mas também cuide das outras que estão ao seu lado e as que hão de vir após você!

Lembre, filha amada, tudo que Deus criou é bom, e absolutamente tudo deverá ser recebido com gratidão. Não recuse nada, não jogue nada fora. A palavra de Deus e nossas orações tornam santo tudo que foi criado por ELE.

Filha, você está sendo levantada como uma ministra de Cristo Jesus nesta nação, continue seguindo boas doutrinas. Conforme discipula famílias e outras Parteiras, você também será ministrada pelo próprio Espírito Santo. Eu, aqui mesmo sendo pecadora, fui comissionada pelo próprio Deus a escrever este livro para você. Às vezes me sinto prisioneira diante do cenário que ainda me cerca, mas orem por mim, para que meu ministério seja cada dia mais abençoado e que essas palavras possam alcançar muitas outras Parteiras pelas Nações.

Afaste-se, filha amada, das histórias tolas. Siga firme na prática das disciplinas espirituais. Assim como malhamos na academia para manter nosso corpo em boas condições, sem flacidez, também no intuito de melhorar nossa qualidade de vida, é nosso espírito. Somente uma vida disciplinada em Deus a livrará de uma flacidez espiritual, acredite. Guarde minhas palavras em seu coração, confie no Deus vivo, ELE é fiel aos que nele creem.

Siga ensinando com temor e responsabilidade, passe adiante **todos** esses conselhos as Parteiras que se identificam como seguidoras de Jesus. Você será bem vista aos olhos do nosso Abba. Mesmo que seja muito jovem, não permita que ninguém a despreze, pregue com sua própria vida, seja zelosa, íntegra, ame e mantenha sua fé inabalável. Continue fazendo das Escrituras sua leitura favorita, pois assim serás alicerçada ao ensinar.

Discipule, mas tenha discipuladores. **Ninguém pode cuidar de ninguém se não está sendo cuidado**. Seja como um mordomo, a si mesma e a todas as pessoas que a ouvirem.

"Deem a cada um o que lhe é devido: se imposto, imposto; se tributo, tributo; se temor. Temor; se honra, honra".
Romanos 13:7

 Ele concedeu-nos o Espírito Santo da promessa (Atos 2:39) como garantia que tudo o que disse se cumprirá (Efésios 1:13-14). **Marca da Promessa - Davi Sacer**. Medite nesse louvor e depois, escreva nas linhas abaixo o que o Senhor falou ao seu coração.

_____
_____
_____
_____
_____
_____
_____
_____
_____
_____
_____
_____
_____
_____
_____
_____
_____
_____
_____
_____
_____
_____

Capítulo 6

Um coletivo de parteiras lançadas nas nações

Uma família saudável precisa de amor, respeito, alegria e união, e *a forma como você é com sua família original refletirá na sua família de Parteiras.*

Como elas irão, se não há ninguém se dispondo a ir?

Relacionamentos precisam ser saudáveis. A exortação às vezes é necessária, mas faça isso com respeito — sejam elas novas, de meia idade ou idosas. Trate-as com delicadeza, seja pura nas palavras, preserve sua essência assim como a Lavanda. "Resista e perfume por onde passar".

As Parteiras desgarradas devem ser regatadas. Elas estão mortas espiritualmente, não têm legado, desistiram de seus filhos na fé e de seus projetos. Exerça piedade, proteja-as, pois estão vulneráveis.

Ative o chamado delas. Certamente carregam algo diferente de você, portanto valorize isso!

Importe-se com o coletivo!

Talvez tenham suas próprias casas, suas famílias despedaçadas. Ajude-as com isso, porque ninguém pode cuidar bem de alguém, se não cuida e zela por sua própria casa. Releve as reclamações. Provavelmente, foram feridas por lideranças anteriores. Ao discipular essas mulheres em grupo, esteja sempre com duas ou três parceiras para que visões diferentes sejam avaliadas.

Se elas caírem ou estiverem em pecado, chame-as para responsabilidade mediante a palavra de Deus, e faça isso com as que estiverem inclinadas para ELE, pois aprenderão a lição.

Críticos se levantarão contra você, mas não se importe, siga em frente, *pecados são aparentes, mas as boas obras são incontestáveis, o tempo faz com que elas falem por si só.*

> *"Vocês os reconhecerão por seus frutos. Pode alguém colher uvas de um espinheiro ou figos de ervas daninhas? Semelhantemente, toda árvore boa dá frutos bons, mas a árvore ruim dá frutos ruins. A árvore boa não pode dar frutos ruins, nem a árvore ruim pode dar frutos bons".*
> *Mateus 7: 15-17*

Quando decidir avançar com projetos, não coloque líderes imaturos nele, deixe que a popularidade dê voz a quem ele é. Um líder é reconhecido pelo próprio povo, seus frutos falam e revelam seu legado.

Tenha sempre uma visão, uma missão e um propósito definido, pois isso evitará conflitos e fará com que todo o coletivo caminhe para o mesmo lugar, com o mesmo coração.

Lembre-se de que nem tudo é resolvido no espírito. Há remédios que curam o corpo e médicos que ajudam a curar a alma. Refiro-me a terapia e consulta com psicólogos, por exemplo. Não tenha preconceito com a forma que Deus vai trabalhar no seu interior.

Como disse anteriormente, geramos frutos que gerarão novos frutos e, assim como nós, enviarão essas flechas para as Nações, portanto precisamos ser moldadas por Deus em nosso caráter. Não podemos ocultar pecados (nem os pecadinhos "bobos", que parecem não afetar nossa vida). Deus é Santo e tem filhos santos. A colheita é inevitável, portanto, precisamos gerar sementes santas, que gerarão outras sementes santas e puras. Mesmo que estejamos cheias de boas intenções, precisamos sondar nosso interior para saber se estamos transmitindo 100% o que é puro aos olhos de Deus.

Nossa vida prega mais que nossas palavras, somos cartas vivas de Deus.

Que o Senhor faça de você uma carta viva para o mundo, que será lida por outras parteiras que se apaixonarão por Jesus devido ao que estão recebendo por seu intermédio! Que o Senhor apague os rascunhos escritos até aqui e que você permita que Ele a escreva do jeitinho dEle! Aceite o processo do Abba e se torne uma carta viva!

"Como, pois, invocarão aquele em quem não creram? e como crerão naquele de quem não ouviram? e como ouvirão, se não há quem pregue?"

Romanos 10:14

 Como irão se não há quem pregue? Você está disposta a ir? Assista a este vídeo e medite nele. **Eu Vou - Fernanda Brun**. Depois, escreva nas linhas abaixo o que o Senhor falou ao seu coração.

Capítulo 7

Discípulos são filhos espirituais

Filha, saiba que eu a amo muito e quero que nunca se esqueça de que temos um Pai e uma MÃE!

Assim como a mãe cuida e acompanha, o pai desafia, ergue, abre oportunidades, eleva o filho ou a filha a níveis que eles nunca imaginariam chegar.

Em Mateus 20:28 diz: "[...] como o Filho do homem, que não veio para ser servido, mas para servir e dar a sua vida em resgate por muitos".

As mães espirituais repassam vida e amor, não conteúdos e tarefas. As mães vivem os princípios que os filhos precisam aprender, *o modelo de vida é incorporado naturalmente pelos filhos as suas vidas.*

Ao liderar, mentorear ou discipular pessoas, percebi o quanto elas buscavam referenciais técnicos e até pessoal. Elas desejam mudar seus destinos, seja profissional ou sua vida pessoal.

Lidar com pessoas é escalar montanhas bem altas, derrubar muros, mas também construir grandes pontes.

Filha, se está lendo este livro é porque Deus está chamando você para ser não só uma Parteira, mas também "mãe de uma multidão de pessoas".

É exatamente com as habilidades dadas por Deus que você será levantada para cuidar de PESSOAS.

Moisés impôs as mãos sobre Josué, Paulo impôs as mãos em Timóteo, e eu peço que reavive o dom de Deus que está em você pela imposição de minhas mãos (feche seus olhos e me sinta tocando você agora).

Não tenha medo, nosso Abba não nos deu espírito de covardia, mas sim e poder, de amor, e de moderação.

Não me envergonho do que já fizeram comigo e oro para que também não se envergonhe do que já fizeram com você, Hoje sei que tudo que passei foi necessário para que o favor e o poder de Deus fossem revelados. Ele nos chama e nos salva, nos direciona e nos comissiona a boas obras.

Fui designada missionária, libertadora, professora, uma voz profética, por isso sofri tantas coisas, e não me envergonho de nada, de nenhuma palavra lançada a meu respeito, pois sei em quem tenho crido e estou a cada dia mais certa de que Ele é poderoso para guardar aquilo que me foi confiado. As circunstâncias poderão ser ruins, mas Deus é sempre confiável.

Siga o exemplo de sua "Mãe", guarde minhas palavras com fé e com o amor que há em Cristo Jesus".

> *"Pastoreiem o rebanho de Deus que está aos seus cuidados. Olhem por ele, não por obrigação, mas de livre vontade, como Deus quer. Não façam isso por ganância, mas com desejo de servir".*
> *1 Pedro 5:2*

Talvez hoje você não se enxergue como líder, mas precisa estar pronta para além de servir, ensinar a qualquer pessoa que tenha o desejo de aprender.

Seja cautelosa em sua liderança, você estará discipulando gestantes, mulheres, famílias e futuros líderes. Prudência e zelo serão alicerces do seu trabalho.

Tiago nos adverte acerca do poder da língua, que, embora possamos falar a verdade e trazer vida às pessoas, nossas palavras poderão causar um enorme perigo. A língua é um fogo que "*contamina as pessoas por inteiro, incendeia o curso de sua vida, sendo ela mesma incendiada pelo inferno*" (Tiago 3:6).

Meu conselho é que, por um tempo examine, seu coração, e ore ao Senhor. Ele trará luz ao que você nem imagina estar guardado nELE. Se, por acaso, você identificar algum desejo de glória e prestígio próprio, acerca de liderar pessoas, dedique-se a oração e quebrante-se diante de Deus. Ele trará o alinhamento necessário, busque-O no lugar secreto, **volte para o casulo!**

Seja uma discipuladora que causa impacto positivo no reino, AME!

Paulo nos adverte que causar impacto positivo sem amor de nada adianta, é uma inutilidade.

A Parteria sem amor e propósito comete um erro grave. O dinheiro nunca sustentará o propósito nem deixará legado. Nem mesmo as ações mais impressionantes e sacrificiais. Sem amor, serão todas inúteis.

Filha, se você não estiver disposta a fazer com que o amor de Deus e o amor às pessoas seja **sua maior prioridade**, então pare aqui e agora. *Despeça-se, vá embora e não volte ao seu ofício até que isso seja claramente resolvido em seu coração.*

> *Se eu falar com eloquência humana e com êxtase própria dos anjos e não tiver amor, não passarei do rangido de uma porta enferrujada. Se eu pregar a Palavra de Deus com poder, revelando todos os mistérios e deixando tudo claro como o dia, ou se eu tiver fé para dizer a uma montanha: "Pule!" e ela pular e não tiver amor, não serei nada. Se eu der tudo que tenho aos pobres e ainda for para a fogueira como mártir, mas não tiver amor, não cheguei a lugar algum. Assim, não importa o que eu diga, no que eu creia ou o que eu faça: sem amor, estou falido. O amor nunca desiste.*
> *1 Coríntios 13: 1-3 A Mensagem*

Fazer discípulos e estabelecer uma maternidade espiritual não tem nada a ver com reunir uma multidão de alunos. O verdadeiro foco não é o ensino, **é o amor por essas pessoas.**

Quando observamos Jesus ensinando a fazer discípulos, seu objetivo nunca foi ter um aglomerado de pessoas, e o foco não estava no próprio ensino, mas sim na ação, no amor: *o fiel chamado de Deus ao amor incondicional.*

O amor incondicional faz com que possamos ajudar pessoas sem julgá-las ou criticá-las, a ponto de fazer com que elas mesmas enxerguem suas fragilidades e se libertem pelo poder do nome de Jesus.

A assistência perinatal a uma descrente fundamentada em amor poderá levá-la ao Salvador, permitir que Ele a liberte do poder do pecado e da morte e a transforme em seguidora apaixonada por Jesus, assim como você.

Quero reforçar algo: "Ensine pelo exemplo!"

Uma das piores coisas que podemos fazer é ensinar algo que não praticamos. Isso é hipocrisia. É melhor ficar calada do que ensinar algo que não produz verdade.

A hipocrisia fere, fuja dela. Coloque sua fé em prática de modo que as pessoas ao seu redor desejem imitá-la. Uma mãe espiritual carrega consigo as atribuições de um discípulo de Jesus Cristo. Isso significa buscar uma devoção a Jesus em cada aspecto de sua própria vida.

Biblicamente, as mães são mulheres poderosas e vitais para construir e elevar transformadores de mundo.

Em seu livro: *Assuma sua missão*, Bethanny Kicks destaca que a mãe espiritual é vista como uma mãe natural. Ela nos conta que há muitas mães naturais que não estão presentes na vida de seus filhos, devido a dificuldades, vícios, ignorância etc. E essa se torna uma enorme razão para que você assuma seu papel de mãe espiritual.

Entregue-se, mas entregue-se por AMOR. Isso não quer dizer que você precisa se tornar perfeita para cumprir seu chamado, afinal, a perfeição é um processo que vai requerer sua vida toda, não terá fim até a eternidade (Filipenses 1:6).

Permita que Deus esteja com você em cada fase dessa jornada e transforme sua vida, para que você faça discípulos por meio do poder da palavra de Deus.

Experimente: mude e depois transforme!

Eu acredito que neste tempo muitas mulheres estão exercendo a maternidade espiritual, mas com o nome de "MENTORA". A conotação negativa do nome "MÃE ESPIRITUAL" faz como que muitas mulheres fujam do chamado e do propósito dessa maternidade.

Aceite seu chamado, e o céu lhe dará permissão para caminhar em plenitude sobre esse propósito. Há pessoas esperando por uma mãe em suas vidas. Comece, filha, a caminhar e visualizar-se como mãe. Suas filhas chegarão até você, e você será uma resposta para muitas órfãs.

"A geração dos retos será abençoada".
Salmo 112:2

Temos vivido tempos difíceis, a única verdade é que o fim se aproxima.

A corrupção está declarada; o dinheiro, a fama e as plataformas são cada dia mais atraentes. Muitos estão usando a religião para realizar grandes espetáculos, mas nos bastidores se comportam como animais selvagens. Fique longe dessas mesas.

Essas pessoas chegam sorrateiramente, com bons discursos, prometendo milhões em tantos dias, tiram proveito de sua falta de identidade, usam seus pecados aparentes para enganá-las e oferecem grandes promoções. Eu peço somente uma coisa: vá para o secreto e sujeite-se ao seu Abba.

Seja uma boa discipula, *faça com que sua vida reflita a vida de Cristo*, afinal, se você está lendo este livro, Ele certamente te resgatou.

Qualquer pessoa que viva para Cristo atrairá gente do tipo "problema". Não há como evitar. Não se intimide por causa dessas coisas. Persevere no que aprendeu, seja íntegra. As escrituras serão como o leite que sua mãe lhe deu: alimentará. A palavra de Deus será a base de seu caminho para a salvação por meio de Cristo Jesus. Essa mesma palavra apartará rebeliões e corrigirá seus caminhos.

Nosso Abba segue na retaguarda, filha. Intensifique seu trabalho com excelência e temor e não desista nos dias maus.

Assuma o comando, o legado agora está sendo transferido a você. Logo não terei mais pernas para caminhar, mas, por meio dessas palavras, deixo o meu legado.

Transformadoras de mundo produzem outras transformadoras de mundo. Suas filhas vão observar como você caminha dentro da sua maternidade, do seu chamado, e isso permitirá que filhas sonhem em serem mães.

Muitas de vocês abrirão o caminho para outras mães que virão. **O legado é geracional**.

Eu seguirei até meu último dia sendo uma oferta viva de adoração ao nosso Abba. Nada mais me importa. Eu não disputarei mais lugares de destaques em nenhuma plataforma que ELE não me coloque. Corri durante uma vida inteira me esforçando demais, e isso me custou muito, mas agora tenho paz.

Submeta-se à voz dELE, Ele guiará seus passos, assim como tem guiado os meus, pois é o juiz honesto.

Ele sempre fará o que é certo, não apenas para mim, mas também para todos os que estão ansiosos por sua chegada.

Que a Graça de Deus esteja com você, filha Amada!

"Este é o pacto que faço contigo: serás uma mãe de multidões de povos. De agora em diante não te chamarás mais _____ [seu nome], e sim uma Parteira Flecha Lançada, porque farei de ti a mãe de uma multidão de povos".

Medite nesse louvor e depois, escreva nas linhas abaixo o que o Senhor falou ao seu coração. **Pai de multidões- Fernandinho**.

Capítulo 8

Estabelecendo prioridades

Escrevo este capítulo para as Parteiras que estão se formando agora. Quero dizer que estou muito contente por vocês. É uma tremenda responsabilidade e privilégio servir pessoas; cuidar de famílias é a própria Graça de Deus.

Já se passaram 25 anos do dia em que iniciei minha jornada, meu ministério, e só de pensar estremeço acerca dessa grande tarefa que fui comissionada.

Espero que vocês não achem presunção de minha parte, oferecer conselhos de uma "Parteira Veterana".

Um enorme desafio que encontrei durante minha jornada no **SERVIÇO DE SERVIR** foi manter o equilíbrio adequado em minhas prioridades.

Todo servo precisa desempenhar vários papéis a fim de permanecer fiel ao seu chamado.

Seja sempre estudiosa: leia artigos científicos diariamente, faça bons treinamentos de atualizações de suas práticas, mas, principalmente, não deixe de ler a palavra de Deus. Seja também intencional em orar.

Sua vida deverá ser um altar de adoração a Deus, e seu exemplo ministrará para outras pessoas. Pregue a palavra de modo que suas ovelhas (gestantes, famílias e outras parteiras) estejam continuamente sendo transformadas à imagem de Cristo.

A cada encontro de pré-natal, de educação perinatal, seja uma experiência evangelística. Fique atenta à necessidade de cada um da família, não somente à gestante.

Saiba, filha, que isso tudo está ligado ao servir e no seu serviço, você está sendo convocada como pastora de almas.

Desejo que algo fique muito claro: toda "pastora" antes de ser "pastora", ela é uma discípula, além de esposa e provavelmente mãe.

Lembre-se: "todos esses papéis são importantes", eles poderão ser desempenhados sem que o melhor seja sacrificado, e isso será um grande desafio!

Pare agora e responda essa pergunta: "Em que ordem de prioridade está o que Deus chamou você?".

Espero que sua resposta tenha sido: **DEUS, MINHA FAMÍLIA, E MEU MINISTÉRIO**!

Filha, essa é a base que realmente importa, isso tudo trará equilíbrio à sua maneira de conduzir sua vida.

Se preciso, faça essa pergunta de tempo em tempo, para se certificar que tudo está na ordem correta. Não faça como eu um dia fiz, negligenciando a ordem disso tudo, pois isso trará desgastes. Sei bem, porque sucumbi! Não queira viver a experiência da desconexão.

Antes de se formar Parteira, Deus a chamou para ser discípula de Jesus Cristo. Essa é uma verdade tão básica, que às vezes nos esquecemos dela.

Também quero alertá-la de um grande perigo: o profissionalismo.

É claro que nossas habilidades vão ficando melhores com o passar da vida prática, mas não deixe que isso roube seu coração.

O coração é a ferramenta principal de uma serva. Se você não amar a Deus com todo seu coração, negligenciará outras coisas ao longo da jornada.

Negligenciar o essencial fará com que você deixe de ser uma discípula, aí **você se transformará em uma farsa!** É horrível ler isso, mas é uma realidade.

Spurgeon relata, em seu livro *Lições aos meus alunos*, que um pastor "pregava tão bem e vivia tão mal, que uma vez que no púlpito, todos diziam que dali ele nunca deveria sair, mas quando saia, falavam que, ele nunca deveria voltar".

Sua vida é quem vai pregar, filha, e ela não poderá estar desalinhada com o coração do Abba. Como zelar por famílias, se você não dá conta de honrar seus pais, servir ao seu marido e educar seus filhos (caso já os tenha)?

Muitas famílias têm fracassado exatamente "nas coisas básicas".

A prática diária das disciplinas espirituais vai sustentá-la durante toda sua jornada de Parteira pelas Nações.

Não se desqualifique dentro de sua própria casa, para qualificar-se na casa de outras famílias.

Você é jovem nesse chamado, eu sei, mas saiba que, com o passar do tempo, vai se deparar com muitas parteiras desqualificadas em sua própria jornada.

Verá pessoas referenciadas, perdendo cadeiras, plataformas, por terem se julgado superiores aos seus próprios pecados escondidos.

Esteja certa de uma única coisa, nada foi de repente. A negligência começa muito antes da verdade bater à porta.

Começam negligenciando as disciplinas espirituais, depois disso vão se "apostatando" de suas responsabilidades pessoais, baixam a guarda para o pecado, perdem o controle para lascívia e outras coisas.

Filha, guarde seu coração, mais uma vez eu peço. Não se aparte da palavra de Deus; antes de pastorear como Parteira pelas Nações, seja uma ovelha discipulada.

Tudo o que prescrever para as famílias que você servirá, você precisa provar primeiro, não esqueça disso!

Robert Murray M'Cheyne disse: "Não são grandes talentos que Deus abençoa, mas a grande semelhança com Cristo. Um pastor que vive a santidade é uma arma poderosa na mão de Deus".

Portanto, estabeleça como prioridade principal servir ao Senhor e, posteriormente, sua família.

Ser Parteira pelas Nações é seu chamado vocacional, eu sei, e ele ocupará grande parte de seus dias, mas não o execute somente em um nível de alto profissionalismo. A prioridade do seu chamado deve ser a busca pela santidade.

Ser escolhida por ELE acompanha *uma solitude* durante a jornada ministerial do SERVIR pelas Nações. Essa palavra pode indicar solidão, mas é o oposto. Gastar tempo com Deus vai preenchê-la, e a presença Dele fará com que você nunca se sinta sozinha.

Seu tempo no secreto com o Abba, a intimidade em busca de direções, não terá valor para o mundo lá fora, mas garanto que esse tempo com ELE a alinhará e a manterá de pé. Frutos, como este livro, são resultado de obediência e submissão ao Abba. Onde ninguém me via, meu ministério estava sendo exercido no secreto com ELE.

Filha, além disso tudo, não negligencie um ecossistema saudável. Sua participação em grupos será benéfica desde que eles desejem a mesma coisa que você. Deus capacita pessoas com outros talentos, e vocês poderão exercer uma rica troca de experiências e direções. Você abençoará a vida dessas pessoas e será grandemente abençoada.

Não tenha dúvidas de que, com o passar do tempo, seu alimento será trocado. Assim como um bebê faz transição alimentar do leite para papinha sólida e, depois, pedacinhos que exigirão mais mastigações, será contigo.

Mudanças de mesas e chegada de novas pessoas em sua vida significará períodos de transição. Deus vai prepará-la para cada uma dessas fases. Servir as nações, antes de ser seu desejo, foi dELE, e todas as oportunidades surgirão em sua vida, apenas esteja aberta a servir.

Porém, não se esqueça: nunca negocie suas prioridades. Guarde todas as orientações que lhe dei na mente e no coração, poupe-se de dores, frustração e confusão.

Em 1 Timoteo 3: 4-5 diz que: "*um homem está desqualificado ao ministério se tais negligências caracterizam sua vida [...]*".

Você precisa ser uma mulher que governa sua própria casa, criando seus filhos sob disciplina, com todo o respeito, pois, se alguém não governar a própria casa, como cuidará de outras famílias?

Como ensinar uma gestante a ser uma boa mãe, se negligencio minha maternidade? Como orientar o casal que terá desafios durante o puerpério, se não me disponho a ouvir e dialogar com meu esposo? Como citei há pouco, tudo vem da raiz. Sem Cristo, não há raízes profundas.

Alinhar suas prioridades caberá dizer NÃO! Lembre-se de suas prioridades e se organize.

Amada filha, uma linda Parteira que está sendo lançada como flecha para as nações, minha oração é para que Deus a ajude a permanecer firme na escolha de suas prioridades, já que é tão jovem nesse chamado de servir e deixar legado.

Deixo nestas páginas calorosas saudações a todas as famílias que terão o privilégio de serem servidas por você. Olhe para a eternidade e tenha uma excelente jornada.

"Antes de fazer qualquer coisa, coloque sua confiança totalmente em Deus e não em você mesmo. Então, cada plano que você fizer terá sucesso".
Provérbios 16:3

Medite nesse louvor e depois, escreva nas linhas abaixo o que o Senhor falou ao seu coração. **Tudo que Tenho é Teu – André Leono**.

Capítulo 9

O que a mãe faz a filha faz

"O filho não pode fazer algo de forma independente, mas apenas o
que o pai vê"
João 5:19 A Mensagem

Devemos permitir que nossos filhos se desenvolvam na liberdade do Espírito Santo.

Ser espelho é pesado, eu sei, afinal não somos perfeitas, mas precisamos entender que **nosso lugar de liderança precisa servir como inspiração**.

No capítulo 1 da primeira carta aos Tessalonicenses, o apóstolo Paulo revela a alegria e o orgulho de um pai cujos filhos revelam seu DNA, sua forma de viver e falar. Ainda que os filhos venham a dar trabalho, nos primeiros meses ou nas demais fases da vida, ainda que se tornem jovens guerreiros ou que cheguem a ser pais espirituais, trazem muita graça e alegria para seus discipuladores, seus pais espirituais.

Paulo nos mostra que a paternidade espiritual que a bíblia nos ensina cria independência para chegar à interdependência e coloca amor fundamental nos discípulos futuros.

É sobre amar e não sobre escravizar!

Certa vez, eu estava na liderança de uma empresa na cidade de Vitória (ES), onde eu precisava selecionar enfermeiros para compor minha equipe. Sempre tive um princípio comigo: "habilidade se treina, mas coração treinável, tem ou não tem!".

Era uma tarde de sexta-feira, quando recebi para entrevista uma jovem enfermeira, recém-formada, vinda de Rondônia-RO. Ela estava em busca de uma oportunidade profissional no Espírito Santo, buscava estudar e crescer. Uau! Era uma jovem linda, com um sorriso enorme no rosto, que escondia uma imensa angústia.

Era para ser apenas uma entrevista de 20 minutos, mas não foi!

Começamos a conversar, pedi que ela falasse um pouco da sua história, e o porquê havia saído de tão longe para tentar uma oportunidade em outro estado.

Por trás de uma simples menina, escondia-se uma futura grande mulher e uma enfermeira de excelência.

Foram horas de conversa, horas mesmo! Ela chegou no início da tarde e, quando foi embora, já estava quase anoitecendo.

Um pai tem a capacidade de identificar dons e talentos no filho que foram concedidos pelo Abba. A mãe é quem ensinará "o como" a esse filho.

Nessa tarde, tive o privilégio de enxergar além do que meus olhos viam. Ali vi uma semente, uma maternidade espiritual que se estabelecia no coração de Deus.

Essa enfermeira caminhou comigo por alguns anos, tive o prazer de assistir uma jovem menina se transformar em uma mulher e em mãe. Confesso que, por alguns minutos, saboreei o sentimento de ser "avó".

Aquela enfermeira recém-formada tornara-se uma enfermeira de excelência e de referência na área de qualidade, experiência e segurança do paciente nesse mesmo estado que a conheci. Deixou de ser apenas uma menina cheia de sonhos e se tornou uma realizadora de seus próprios sonhos.

No livro *Paternidade para as Nações*, pastor Luiz Herminio retrata quatro tipo de paternidade exercidas em nós: a geracional, a biológica, a de destino e a espiritual.

A paternidade geracional é ilustrada no livro de 2 Crônicas 28 e 29, em que Acaz morre, e Ezequias reina em seu lugar, fazendo tudo que era correto, como seu pai Davi. Mesmo Acaz sendo pai de Ezequias, Davi era o pai geracional. "O morto fala" pela conduta e legado que deixa.

O pai biológico é o pai que nos gera fisicamente, mas nem sempre será o pai que nos dará destino espiritual, embora o ideal seria que o pai biológico também fosse nosso pai geracional, mas vemos atualmente quem nem sempre é assim.

O pai espiritual, por sua vez, é aquele que nos discipula, nos ajuda a desenvolver os dons e moldar nosso caráter, além de ser o pai de destino, que ativa o propósito que foi partido do coração de Deus e que estava adormecido. Ele é caminho para que o filho viva a plenitude no Reino, aquele que tem a cobertura de Deus sobre todas as outras coisas.

A paternidade de destino é como Paulo e Timóteo, quando nos tornamos tão íntimos de alguém e não temos medo de expor nossas vulnerabilidades.

> *"Paulo foi primeiro a Derbe e depois a Listra. Ali, encontrou um discípulo, Timoteo, filho de mãe judia muito consagrada e de pai grego. Todos os amigos de Listra e Icônio garantiram que ele era um excelente rapaz. Paulo quis levá-lo para missão, mas primeiro o circuncidou, para não ofender os judeus que viviam naquela região. Todos sabiam que o pai dele era grego".*
> Atos 16: 1-3 A Mensagem

Em Atos 16:1-3, Paulo circuncidou a Timóteo, sendo este já adulto. Agora imagine Paulo tocando nas intimidades de Timóteo! Só podemos exercer a paternidade ou nos tornarmos filhos de pessoas de quem não temos medo de expor nossas intimidades e vulnerabilidades.

Voltando à história da jovem enfermeira, quero dividir com você que nem tudo foi tão simples quanto parece. No dia da entrevista, depois de comunicá-la que eu adoraria tê-la em minha equipe, ela começou a chorar e disse: "Se eu não conseguisse este trabalho hoje, teria que voltar para minha cidade, pois estou a ponto de passar necessidade".

Ali se estabelecia uma paternidade de destino, aqui quero chamar de MATERNIDADE DE DESTINO, mas eu não havia me dado conta. Hoje entendendo o real sentido da MATERNIDADE, tenho a convicção de que **somos chamadas para restaurar!**

Somos filhas amadas do Abba; nosso propósito é gerar filhos e multiplicar. O propósito deve ser sempre as pessoas. Não podemos trabalhar no lugar delas, mas, *como mães de destino, temos o dever de apresentar-lhes a direção.*

Deus tem um propósito para cada uma de nós desde o ventre de nossas mães e, durante nossa jornada, Ele levanta intercessores, pais e mães para direcionar esses filhos ao seu destino profético.

A estratégia de Satanás para ceifar um filho é real, mas o Pai maior, nosso Abba Pai, concede a paternidade e a maternidade espiritual, a geracional e a de destino àqueles que Ele mesmo separou desde o ventre.

> *"Antes de eu formar você no ventre de sua mãe, já o conhecia. Antes de você nascer, eu o escolhi para ser um profeta para as nações".*
> Jeremias 1:5

Eu sempre a enxerguei assim: como uma "filha". Na verdade, desde o primeiro dia meu coração bateu diferente. Creio que deva ser o sentimento de uma mãe que vai visitar um orfanato e diz: "essa é minha filha. É ela!".

Nela me vi muitas vezes, enxerguei a Patrícia recém-formada, cheia de sonhos, geniosa (rindo aqui enquanto escrevo). Nosso senso de justiça própria era muito parecido (mas melhoramos, Jesus nos alcançou).

No momento que disse SIM a ela, foi como se eu tivesse "imposto minhas mãos sobre ela". Naquele momento a maternidade foi estabelecida, assim como na história de Rute e Noemi, também na história de Moisés e Josué.

Josué se submeteu à autoridade de Moisés, e o Senhor disse: "Impõe tua mão sobre ele".

Josué possuía habilidades diferentes. Ele relacionava-se muito bem com o povo, mas foi Moisés quem o autorizou a dar ordens ao povo em seu lugar, ou seja, o filho sempre dará continuidade àquilo que seu pai iniciou, e foi assim que Josué assumiu seu lugar!

Não tenha medo de ser submissa, de estar debaixo de uma autoridade saudável, quando Deus colocar uma na sua vida.

O líder pode até mudar a estratégia, mas não mudará a essência. Deus é um Deus de continuidade e sempre está no controle de tudo.

Nós, como mães, **NUNCA** poderemos impor uma "cobertura" que estabeleça limites e impeça os filhos de avançar.

Deus é a cobertura, *nós seremos sempre somente a plataforma que auxiliará e firmará os passos durante a caminhada.*

Que possamos dar base e não fundamento, pois o fundamento é Cristo. Ele é a plataforma que sustenta e permite que nossos filhos avancem e caminhem por lugares ainda mais altos do que aqueles que já caminhamos.

Hoje, eu olho para ela e me alegro por uma fração do tempo ter podido contribuir com a jornada tão incrível que ela ainda está construindo. Tenho certeza de que ela voará muito, muito mais alto que eu sonhei em voar um dia e pisará em lugares onde eu jamais pisarei.

Moisés trabalhou durante 40 anos, mas foi Josué que alcançou a terra prometida.

Carrego comigo a certeza de que minha maternidade de destino, minha liderança, foi inspiradora para Fanny e que certamente hoje ela também está sendo inspiração para alguém, está gerando suas filhas de destino.

A maternidade prepara pessoas para servir a uma nação, não somente um plantão. Inspire quem virá depois, seja uma pessoa que deixará legado para próxima geração.

Tome cuidado para sua liderança não ser algo sem empatia, por isso busque se colocar no lugar da filha que lhe for comissionada, pois a misericórdia acolhe e dá destino.

Cuidado para não levar seu plantão a toque de caixa, chame seus liderados para mesa. É ali que corações são formados, já dizia a querida Devi Titus.

A mesa é o lugar criado por Deus para proporcionar redenção e conexão entre pessoas.

Pare agora e reflita: "As pessoas te veem como uma mãe ou uma chefe?".

Seja uma geradora de filhos e filhas, pois a nação aguarda ansiosamente tudo o que você tem gerado e estabelecido mediante a unção que o próprio Deus derramou sobre você.

Faça tudo para Glória de Deus, Ele a chamou para transformar histórias de orfandade e escrever aquilo que ninguém nunca escreveu.

"Você foi adotada como filha para que se tornasse geradora de outras filhas".

Medite nessa adoração e depois, escreva nas linhas abaixo o que o Senhor falou ao seu coração. **Adotado Como Filho - Nic & Rachael Billman | Som do Reino**.

Capítulo 10

Combata o bom combate com integridade

Amada Parteira, você é uma missionária comissionada por Cristo Jesus nessa nação e, como serva, deverá respeitar seu Senhor para que os que olham de fora não levantem palavras contra nosso Abba devido ao seu comportamento.

Certamente já ouviu uma pérola assim: "[...] e diz que é crente!".

Muitas coisas que escrevi para você são lições aprendidas com o apóstolo Paulo, quando escreveu para encorajar seu filho na fé Timóteo.

Eu verdadeiramente sou apaixonada por essa filiação.

A intimidade de uma mãe e uma filha na fé é como a de um casal apaixonado. A mãe ama, apoia e intercede por sua filha.

Viver como discípula é carregar o DNA de sua "mãe". Jesus nos ensina de uma forma tão didática quando revela com suas palavras: "Quem vê a mim, vê o pai" (Jó 14:9).

Essas características serão construídas durante a caminhada, não em um curso de 12 horas, nem por *likes* no Instagram. O discipulado constrói essas características, portanto viagem, saiam, façam retiros, brinquem, joguem peteca, mas convivam. Sejam intencionais, ouçam a Deus. À medida que experimentarem essa alegria, suas atitudes serão baseadas na voz do Abba. A filha reconhece a voz de seu pai, assim como uma neta reconhece a voz de uma avó.

Não seja uma pessoa de confronto, se não é amorosa. As pessoas só recebem de forma positiva quando são confrontadas em amor. Não seja justiceira, não aplique justiça própria, quando estiver discipulando alguém. Lembre-se de que você pode ser enforcada na forca que preparar para outros.

Lembre-se da história de Hamã e Mardoqueu, que está no livro de Ester. Sugiro, inclusive, que você leia e medite nesse livro, principalmente no desfecho de Hamã.

Seja de verdade, como foi o Apóstolo Paulo. Mostre o que você vive, e não o que diz que construiu. Paulo disse: "Olha, tive três naufrágios, sofri apedrejamentos, fui açoitado com varas, lutei com feras, passei perigo de espada, fome, nudez, perseguição, tive falsos irmãos [...]".

Paulo apresentou seu currículo de coisas ruins quando seu ministério foi confrontado acerca da legitimidade, não mostrou, em nenhum momento, o que ele fazia. Ele mostrou quem ele era, o que havia suportado e os lugares pelos quais havia passado.

Filha, engavete seus diplomas, suas medalhas, seus troféus e exponha suas cicatrizes, mostre seus casulos vividos e vencidos. Isso tudo vai validar quem você se tornou. *Nossas pressões revelam nossas intenções, pois são elas que nos fazem crescer.*

A bíblia diz que tudo que plantamos colheremos, que aquele que dá de volta receberá!

Tenha uma santa obstinação pelo seu chamado. Jesus, quando ia ser crucificado, ouvia as pessoas gritarem: "Senhor, tu vais morrer!" e respondia: "Eu sei, mas foi pra isso que eu vim!". Jesus teve uma santa obstinação. Ele era convicto de suas crenças, elas estavam alinhadas por Deus. Ele estava disposto a morrer pelo que cria.

Assim seja você: faça do seu chamado uma razão para morrer.

Faça de Deus a prioridade na sua vida. Não ame seu emprego, seus diplomas, suas habilitações ou seu ministério mais do que ao Abba. Enquanto Ele for seu tudo, você terá tudo dELE. Do contrário, perecerá.

Sua vida, filha, tocará a vida de outras parteiras, de outras famílias por essa nação, mas isso só vai acontecer quando sua vida não for mais sua, entregue sua vida nas mãos do Abba, faça dEle seu comandante, deixe-O pilotar o seu ministério e sua vida.

Lembre-se de que sua identidade não está ligada ao que você faz, e sim a quem você se tornou. Quem você é nELE!

> *"Não se glorie o sábio na sua sabedoria, nem se glorie o forte na sua força; não se glorie o rico em suas riquezas, mas o que se gloriar, glorie-se nisto: em me entender e me conhecer, que eu sou o Senhor, que faço beneficência, juízo e justiça na terra; porque destas coisas me agrado, diz o Senhor".*
>
> *Jeremias 9: 23-24*

O livro de Jeremias retrata que não devemos nos gloriar do que temos, do que sabemos e podemos. Devemos nos gloriar por conhecer a Deus.

Paulo, mesmo com 20 anos de ministério, declarava para Jesus que queria conhecê-Lo!

Ele já tinha ido ao terceiro céu e, ainda assim, dizia que queria conhecê-Lo! Ele desejava conhecer a humanidade do ministério de Jesus. Isso era o que o movia.

Filha, se a fome do nosso coração não for conhecer a humanidade do ministério de Jesus em nós, definitivamente não combateremos o bom combate.

Paulo, Davi, Pedro e Elias foram homens que deram suas vidas por uma causa, portanto tenha plena convicção de quem é Jesus na sua vida.

Sua identidade de filha do Abba é o que lhe dará acesso e sucesso aos seus combates. S**ua identidade não é o que você tem ou faz e sim o que você é**. Nunca se esqueça disso: você é imagem e semelhança do criador, é filha amada do Abba.

Que no final de tudo você possa declarar (repita em voz alta):

"Eu,_____ [seu nome], lutei uma luta excelente. Terminei minha carreira com todas minhas forças e mantive meu coração cheio de fé. Há uma coroa de justiça esperando por mim no céu, e sei que, meu Senhor, me recompensará em seu dia de julgamento justo. E esta coroa não espera apenas por mim, mas por todos os que me amam e anseiam por sua revelação". (2 Timoteo 4:7-8).

"Apesar das minhas fraquezas eu faço um Compromisso com o Senhor de ser fiel e não fazer mais a vontade da minha carne, mas a vontade do Senhor em mim, pois eu te peço Senhor sela este Compromisso, em nome de Jesus"..

Se vocês obedecerem em tudo ao Senhor, seu Deus, e cumprirem fielmente todos estes mandamentos que hoje lhes dou, o Senhor, seu Deus, os colocará muito acima de todas as nações da terra". (Deuteronômio 28:1).

Medite em cada afirmação desse louvor, adore ao Senhor e depois, escreva nas linhas abaixo o que o Senhor falou ao seu coração. **Compromisso – Regis Danese**.

_____
_____
_____
_____
_____
_____
_____
_____
_____
_____
_____
_____
_____
_____
_____
_____
_____
_____
_____
_____
_____
_____
_____
_____
_____
_____

Carta do Pai ao seu Filho e a resposta de um Filho à carta do Pai (Pr Fabiano Ribeiro e Pra Leila Paes – livro "Escolha ser Filho")

Meu filho,
Meu Pai,

Você pode não me conhecer, mas eu sei tudo sobre você (Salmo 139:1).

Pai, eu desejo conhecê-Lo cada vez mais e descobrir seus pensamentos sobre mim. (Oseias 6:3).

Eu sei quando você se senta e quando se levanta. (Salmo 139:2).

Eu experimento sua presença e nunca me sinto sozinho. (Lucas 10:20).

Eu conheço bem todos os seus caminhos. (Salmos 139:3).

Sei que seus planos, projetos e sonhos são bons e lindos.
Isso me enche de segurança e convicção de pertencimento. (Provérbios 16:3).

E até os cabelos da sua cabeça são todos contados. (Mateus 10:29-31).

Nenhum detalhe da minha vida está longe dos Seus olhos. (Salmo 11:4)

Pois você foi feito a minha imagem. (Gênesis 1:27).

Sou a coroa da Sua criação e fui feito para manifestar Sua grandeza. (Salmo 8:5).

Em mim você vive, se move e tem existido. (Atos 17:28).

Sou Sua casa, hospedeiro da Sua presença, totalmente influenciado e conduzido pelo Seu Santo Espírito. (Efésios 1:13).

Pois você é a minha descendência. (Atos 17:28).

Sou Sua família, por meio da adoção, e desfruto da herança que Cristo conquistou na cruz. (Efésios 1:5).

Eu o conheci mesmo antes que você existisse. (Jeremias 1:5).

Vivo na certeza de que sou alvo da Sua atenção, antes mesmo de ter nascido. (Jeremias 29:11).

Você não foi um erro, pois todos os seus dias estão escritos em meu livro. (Salmo 139:15-16).

Reconheço que minha existência foi muito planejada pelo Senhor. Você idealizou uma vida abundante para que eu desfrutasse dela. (Salmo 90:12).

Você foi feito de forma admirável e maravilhosa. (Salmo 139:14).

Sinto-me valorizado por ter sido feito de forma tão esplêndida. (Gênesis 2:7).

Eu formei você no ventre de sua mãe. (Salmo 139:13).

Você já cuidava de mim dentro do útero da minha mãe. (Salmo 139:15).

Eu tirei você do ventre dela no dia de seu nascimento. (Salmo 71:6).

Você me pegou nos braços no dia do meu nascimento. (Isaías 8:8).

Contudo, tenho sido mal representado a você por aqueles que não me conhecem. (João 8:41-44).

Eu me apego aos bons exemplos de paternidade como um vislumbre da Sua paternidade perfeita e completa. (Mateus 5:48).

E o meu desejo é derramar meu amor sobre você. (João 3:1).

Eu desfruto do Seu amor incondicional e inesgotável. (Romanos 5:8-9).

Por quê? Simplesmente porque você é meu filho, e eu sou seu Pai. (1 João 3:1).

Sei que sou Seu filho e declaro que a minha paternidade está bem resolvida. (Romanos 8:15-16)

Eu ofereço a você mais do que o seu pai terrestre jamais poderia oferecer. (Mateus 7:11).

Sua paternidade é perfeita e não a comparo com nenhuma outra. (Salmo 27:10).

Porque eu sou o Pai perfeito. (Mateus 5:48).

Tenho acesso a uma paternidade que me satisfaz plenamente. (Lucas 11: 9-13).

Saiba que cada bom presente que você recebe vem da minha mão. (Tiago 1:17).

Obrigado pelo Seu favor, derramado diariamente em minha vida. (Mateus 6:25-34).

Pois eu sou o seu provedor e supro todas as suas necessidades. (Mateus 6:31-33).

Tenho uma mentalidade de abundância, pois sei que seus recursos são ilimitados e acessíveis. (Salmo 34:8-10).

Meu plano para seu futuro tem sido sempre cheio de esperança. (Jeremias 29:11).

Você só tem bons planos para mim, e isso me enche de esperança. (Romanos 15:13).

Porque eu o amo com um amor eterno. (Jeremias 31:3).

Desde que fui imaginado por ti, você decidiu me amar para sempre. (Romanos 8:38-39).

Meus pensamentos sobre você são incontáveis como a areia na praia. (Salmo 139:17-18).

Você pensa em mim constantemente e fala sobre mim no Céu. (Jó 1:8).

E sobre você, eu me regozijo com cânticos. (Sofonias 3:17).

Você celebra minha existência. (Isaías 44:2).

Eu nunca vou parar de fazer o bem para você. (Jeremias 32:40).

Sua bondade permanecerá sobre minha história. (Êxodo 33:19)

Porque você e meu tesouro mais precioso. (Êxodo 19:5).

Porque sou muito valioso para Ti. (1 Coríntios 6:20).

Eu desejo te estabelecer com todo meu coração e toda minha alma. (Jeremias 32:41).

O Senhor cuidará de me enraizar. (Efésios 3:16-19).

E mais, eu quero mostrar a você coisas grandes e maravilhosas. (Jeremias 33:3).

Mostre-me coisas que ainda não vi a Seu respeito e a respeito do Seu Reino. (Efésios 1:18-23).

Filho, se você me buscar de todo o coração, você me encontrará. (Deuteronômio 4:29).

Quebrantado, buscarei com a certeza de que você deseja essa busca e permitirá ser encontrado. (Jeremias 29:14).

Deleite-se em mim e Eu darei a você os desejos do seu coração. (Salmo 37:4).

Andarei perto do Senhor e terei desejos que partem do Seu coração. (Salmo 21:2).

Pois fui Eu mesmo quem colocou esses desejos em você. (Filipenses 2:13).

Você me encheu de desejos do Céu. (Salmo 63:1).

Eu sou capaz de fazer mais por você do que pode imaginar. (Efésios 3:20).

Caminho com grandes expectativas acerca daquilo que o Senhor fará. (Provérbios 31:25).

Lembre-se, também, de que Eu sou o Pai que conforta você em todas as suas dificuldades. (2 Coríntios 1:3-4).

Seu Espírito tem sido o meu Consolador. (2 Coríntios 7:6).

Quando seu coração estiver quebrantado, Eu estarei perto de você. (Salmo 34:18).

Sei que meu quebrantamento, produzindo por Você mesmo, atrai o Senhor a mim. (Salmo 51:17).

Como um pastor carrega um cordeiro, Eu carrego você perto do meu coração. (Isaías 40:11).

Sou conduzido com todo cuidado e amor, como por um pastor que cuida das Suas ovelhas. (Salmo 23).

Filho, um dia Eu enxugarei todas as lagrimas dos seus olhos. (Apocalipse 21:3-4).

O Céu me aguarda, e lá todo sofrimento será, definitivamente, encerrado. (Salmo 30:5).

E afastarei de você toda a dor que tenha sofrido nesta Terra. (Apocalipse 21:3-4).

No Céu minhas dores serão completamente inexistentes. (Salmo 56:8).

Eu sou o seu Pai, e eu amo você, assim como amo ao meu Filho Jesus. (João 17:23).

Seu amor por mim é igual ao amor que Você tem pelo Seu Filho. (João 3:16).

Pois, em Jesus, meu amor por você é revelado. (João 17:26).

Jesus revelou Seu amor por mim. (João 15:9).

Ele é a representação exata do que Sou. (Hebreus 1:3).

Seu Filho mostra-me quem Você é. (João 12:45).

Ele veio para demonstrar que Eu estou com você, e não contra você. (Romanos 8:31).

Seu filho me ensina que Você O enviou porque me ama e me quer ao Seu lado. (João 15:13).

Também veio para dizer a você que Eu não estou contando os seus pecados. (2 Coríntios 5: 18-19).

Ele me ensinou que posso viver sem o peso do pecado. (João 8:32).

Jesus morreu para que você pudesse ser reconciliado. (2 Coríntios 5:18-19).

Seu Filho possibilitou minha conexão com Você. (1 João 4:10).

Sua morte foi a expressão suprema do meu amor por você. (1 João 4:10).

A morte de Jesus foi a maior prova de amor que já recebi. (João 15:13).

Eu desisti de tudo que amava para que pudesse ganhar o seu amor. (Romanos 8:32).

Você abriu mão da vida do Seu Filho por amor a mim, e isso lhe custou muito. (Romanos 8:32).

Se você receber o presente do meu filho Jesus, você recebe a mim. (1 João 2:23).

A partir desse momento minha relação com você não pode ser interrompida. (Hebreus 10:20).

Filho, venha para sua casa, e Eu vou fazer a maior festa que o Céu já viu. (Lucas 15:7).

Cheguei a Sua casa e desfrutei de uma festa indescritível. Fui invadido pela atmosfera do Céu. (Lucas 10:20).

Eu sempre fui e sempre serei seu Pai. (Efésios 3:14-15).

Você sempre será o meu Pai. (Jeremias 31:3).

A minha pergunta a você, então, é essa: você quer ser meu filho? (João: 1:12-13).

Eu quero, para sempre, ser e viver como Seu Filho. (1 João 3:1).

Eu estou apenas esperando por você. (Lucas 15:11-32).

Para sempre caminharei para estar próximo a Você. (Mateus 28:20).

Seu Pai Celestial.

Seu filho, que O ama muito.

[assine aqui o seu nome]

feche seus olhos, se abrace com ELE

"Quem pôs a mão no arado não pode voltar para trás"

Eu adoraria receber uma mensagem sua, uma carta, uma oração por mim e por minha família, mas, na verdade mesmo, adoraria saber o que fala seu coração após a leitura deste livro.

Se ela fizer sentido para você, a espero!

Com muito amor,

Paty
patyfavero@outlook.com